LA VIE PRIVÉE

D'AUTREFOIS

ARTS ET MÉTIERS

MODES, MŒURS, USAGES DES PARISIENS

DU XIIᵉ AU XVIIIᵉ SIÈCLE

D'APRÈS DES DOCUMENTS ORIGINAUX OU INÉDITS

PAR

ALFRED FRANKLIN

LE CAFÉ, LE THÉ & LE CHOCOLAT

LABOR · OMNIA VINCIT IMPROBVS

PARIS

LIBRAIRIE PLON

E. PLON, NOURRIT et Cⁱᵉ, IMPRIMEURS-ÉDITEURS

RUE GARANCIÈRE, 10

1893

LA VIE PRIVÉE

D'AUTREFOIS

LA VIE PRIVÉE D'AUTREFOIS

VOLUMES PARUS :

PARIS. TYP. DE E. PLON, NOURRIT ET Cie, RUE GARANCIÈRE, 8.

TABLE DES SOMMAIRES

CHAPITRE PREMIER

LES ORIGINES DU CAFÉ

CHAPITRE II

DÉBUTS DU CAFÉ A PARIS

[Années 1643 à 1690.]

La voûte du Petit-Châtelet. — Le premier marchand de café à Paris. — Les premiers cuisiniers faiseurs de café viennent d'Italie. — Le maître d'hôtel Audiger. — Le voyageur

a

CHAPITRE III

LE CAFÉ A PARIS DE 1690 A 1715

CHAPITRE IV

LES PLANTS DE CAFÉ DANS PARIS ET DANS LES COLONIES FRANÇAISES

CHAPITRE V

LE THÉ

I

II.

CHAPITRE VI

LE CHOCOLAT

I

Fernand Cortez et le chocolat. — Le cacao employé comme monnaie. — Ce qu'était le chocolat des Mexicains — Il est introduit en Espagne, en Flandre, en Italie. — Com- ment le fabriquèrent d'abord les Espagnols. — Est re- gardé comme médicament. — Son introduction en France. — Le premier qui en fait usage est le frère ainé de Riche- lieu. — Privilège accordé à David Chaliou. — Passion de Marie-Thérèse pour le chocolat. — Qui le lui prépare à Versailles. — Elle se cache pour en prendre. Mᵐᵉ de Sévigné aime le chocolat tant qu'il est à la mode à Ver-

CHAPITRE VII

HISTOIRE ADMINISTRATIVE DU CAFÉ, DU THÉ ET DU CHOCOLAT

Origine de la corporation des limonadiers. — Le maître d'hôtel Audiger cherche à obtenir un privilège pour la vente des « liqueurs à la mode d'Italie. » — Opposition du chancelier Séguier. — Création de la communauté des limonadiers. — Produits qu'elle est autorisée à débiter. — Son organisation, ses statuts. — Elle est supprimée en 1704, rétablie en 1705, supprimée de nouveau en 1706, rétablie en 1713. — Le commerce du thé, du café, etc. est affermé au sieur Damame. — Prix fixé par le roi. — La consommation diminue, le sieur Damame doit renoncer à son privilège. — Le monopole est alors accordé à

CHAPITRE VIII

LE CAFÉ A PARIS DE 1720 A 1760

CHAPITRE IX

LE CAFÉ A PARIS DE 1760 A 1789

CHAPITRE X

LES CAFÉS DE PARIS DEPUIS LE DIX-SEPTIÈME SIÈCLE

ÉCLAIRCISSEMENTS

LA
VIE PRIVÉE D'AUTREFOIS

LE CAFÉ, LE THÉ ET LE CHOCOLAT

CHAPITRE PREMIER.

LES ORIGINES DU CAFÉ

Découverte du café. — Le gardeur de chèvres et le prieur du couvent. — Le manuscrit d'Abd-alkader. — Le café rapporté de Perse en Arabie. — Les preneurs de café persécutés à La Mecque et au Caire. — Introduction du café à Constantinople. — Succès qu'il y obtient. — Les premières *maisons de café*. — Nouvelles persécutions. — Le café toléré et imposé. — Extraits des plus anciens voyageurs européens qui ont parlé du café : L. Rauwolf, Prosper Alpini, François Bacon, Édouard Terri, Pietro della Valle, Thomas Herbert, Pierre Dan, Duloir, Jean Vesling. — Le café apporté à Venise, puis à Marseille. — Lyon imite Marseille. — Récit du voyageur Jean de Thévenot. — Premiers cafés en France. — Le café est persécuté à Marseille. — Thèse médicale qui y est soutenue contre lui. — Relation du voyage fait en Perse par Adam OElschlæger. — L'usage du café produit-il l'impuissance ?

A l'extrémité de l'Yemen, un Arabe qui gardait des chèvres — ou des chameaux —

et venait sans doute de conduire ses bêtes dans un pâturage nouveau pour elles, fut surpris de les voir toutes privées de sommeil et en proie à une excitation inaccoutumée [1]. Un couvent était voisin. Des moines, informés de l'événement, avertirent leur prieur qui résolut d'en rechercher la cause. Arrivé au champ occupé la veille, il constata que les animaux avaient montré une grande préférence pour les fruits d'un arbrisseau [2] commun en cette contrée, et auquel l'on n'avait encore attribué aucune vertu spéciale. Il en cueillit quelques-uns, les fit bouillir dans l'eau, et ayant bu cette décoction éprouva une longue insomnie.

Le brave prieur avait eu son idée en agissant ainsi. Au contraire des chèvres, ses religieux dormaient trop, avaient trop de tendance au sommeil durant les offices de la nuit. Le breuvage expérimenté leur fut servi, et tout alla dès lors le mieux du monde dans le plus éveillé des couvents.

Ainsi furent découvertes les propriétés exci-

---

[1] « Non semel in hebdomada vigilare, imo per totam noctem præter consuetum saltitare. »

[2] « Invenit ibi quædam arbuscula, quorum fructibus seu potius baccis vescebantur. Hujusce fructus virtutes voluit ipsemet experiri... »

tantes du café, s'il faut en croire Antonio
Fausto Nairone, savant maronite [1] qui, né sur
le mont Liban, devint professeur de syriaque
à Rome, et y mourut vers 1710 [2].

Où avait-il puisé les éléments de ce récit,
et à quelle date doit-il être rapporté? On
l'ignore.

Nous ne savons pas non plus comment
l'usage du café, déjà répandu en Perse, s'était
perdu ou n'avait pas encore pénétré dans
l'Arabie heureuse au milieu du quinzième
siècle. Mais à cette époque, nous abandonnons le domaine de la légende, et les faits
suivants présentent tout au moins quelques
caractères de vraisemblance. Ils sont extraits
d'un manuscrit arabe conservé à la Bibliothèque nationale et qui a été analysé par
Antoine Galland, le célèbre traducteur des
Mille et une nuits [3]. Sylvestre de Sacy l'a mis
en français [4].

---

[1] Nom donné aux moines chrétiens établis sur le Liban;
c'est un souvenir de Maron ou Maroun, leur premier insti-
tuteur. Ils sont regardés comme catholiques, bien que leur
foi soit loin d'être orthodoxe.

[2] *De saluberrima potione cahué seu café nuncupata dis-
cursus.* Rome, 1671, in-18.

[3] *De l'origine et du progrez du café. Sur un manuscrit
de la Bibliothèque du Roy.* Paris, 1699, in-18.

[4] *Chrestomathie arabe*, t. II, p. 224 et suiv.

L'auteur de ce manuscrit s'appelait tout
simplement Abd-alkader ben Mohammed-
Ansari Djézéri Hanbali ; quant au véritable
introducteur du café dans l'Yémen, il portait
le nom un peu compliqué de Djémal-eddin
Abou-Abd-Allah Mohammed ben Saïd. Né à
Dhabhan, ville située au sud de l'Arabie, il
était en outre surnommé Dhabhani. Disons
tout de suite que cet auguste personnage
occupait un rang élevé parmi les dignitaires
de l'Église d'Aden, et qu'il mourut en 1470.

Au cours d'un voyage en Perse, il rencontra des compatriotes qui faisaient usage du
café et qui lui en vantèrent les propriétés. Les
plus précieuses, disaient-ils, étaient « de dissiper le sommeil et l'engourdissement, de
rendre le corps léger et dispos. » Revenu à
Aden, Djémal-eddin s'habitua au café, et son
exemple en fit naitre le goût dans l'Yémen.
Le savant et illustre Ebn-Abd-algaffar déclare
ce fait exact, et il ajoute : « Il se peut faire que
Dhabhani soit le premier qui ait introduit le
café à Aden, comme c'est l'opinion commune ;
mais il n'est pas impossible que cette boisson
eût été introduite par quelque autre, et
que néanmoins on lui en ait attribué l'origine, parce que c'est lui qui a été cause que

l'usage s'en est établi et qu'il s'est répandu. »

Tout cela, comme on voit, n'est pas très précis, et je le serais moins encore si je voulais raconter quand et comment le café a été introduit en Égypte, en Perse, en Abyssinie, en Éthiopie, etc. Une profonde obscurité enveloppe ces origines, et chercher à y porter la lumière constituerait un pénible labeur sans grand profit. Je ne dois pas oublier, d'ailleurs, qu'il m'est interdit de rester trop longtemps éloigné de Paris et des Parisiens.

D'Aden à La Mecque, les communications sont faciles et fréquentes, le café ne tarda donc pas à être connu dans la ville sainte de l'Islam, et c'est là qu'il subit sa première persécution.

En 1511, les fonctions de mohtesib [1] étaient remplies par « l'illustre et respectable » Kaïr bey Mimar. Sortant un soir de la mosquée, il aperçut dans l'enceinte du lieu sacré un groupe de personnages qui, à son approche, éteignirent leurs flambeaux et se dispersèrent. Il s'inquiéta, et une enquête bien conduite lui apprit que les gens surpris par lui étaient réunis pour boire en commun

---

Sorte de lieutenant de la police.

une liqueur dont, tout mohtesib qu'il était,
il n'avait jamais entendu parler. « Le nouveau breuvage, lui dit-on, se nommoit
kahwa; c'étoit la décoction des coques d'une
baie que l'on tiroit du Yémen et qu'on
appelait *bunn.* L'usage de cette boisson étoit
devenu commun à La Mecque, et on la vendoit en cette ville dans des endroits semblables à des cabarets. Là se rassembloient
des hommes et des femmes, avec des tam-
bours de basque, des violons et autres instrumens de musique. Dans les lieux où l'on prenoit ce breuvage se rassembloient aussi des
gens qui jouoient aux échecs, au mankala et
autres jeux semblables pour de l'argent, et il
s'y faisoit beaucoup d'autres choses contraires
à notre saincte loi (que Dieu daigne la préserver de toute corruption jusqu'au jour où nous
comparoîtrons tous devant lui [1] !). »

Dès le lendemain, le mohtesib réunit des
officiers de justice, des docteurs de la loi,
des dévots, des habitants notables de La
Mecque, et les consulta sur les mesures à
prendre pour faire cesser ce scandale. Tous
furent d'avis qu'il fallait d'abord savoir si

[1] *Requête dressée à La Mecque au sujet du café,* dans
S. de Sacy, t. II, p. 240.

l'usage du café présentait des dangers pour la santé. Deux médecins, mandés aussitôt, soutinrent chacun un avis opposé. Alors quelques-uns des assistants confessèrent qu'ils avaient parfois fait usage de la boisson soupçonnée, et en avaient ressenti de déplorables effets : « Ils avoient éprouvé de l'aliénation des sens, s'étoient trouvés dans un état qui leur avoit paru condamnable, et leur raison en avoit été altérée. » Sur ces paroles, l'assemblée rendit son verdict, et le café fut proscrit. On ordonna la fermeture de toutes les maisons connues pour en débiter, et les grains que l'on trouva, soit dans ces maisons, soit chez les marchands, furent saisis et publiquement brûlés. En même temps, une lettre était adressée au khalife d'Égypte, de qui dépendait encore l'Arabie : on lui demandait de vouloir bien ratifier la sentence rendue contre le dangereux breuvage.

Il s'y refusa, déclara que, sans aucun scrupule, l'on prenait du café au Caire, et que les plus savants docteurs ne voyaient là rien de contraire à la loi musulmane. Les adversaires du café durent donc céder, mais ils ne désarmèrent pas. Ils réussirent à le faire proscrire au Caire en 1523, puis à La Mecque en 1524 et

en 1543, interdictions momentanées, d'ailleurs, et dont il fut facile de triompher.

C'est seulement en 1555 que le café pénétra
à Constantinople. Le manuscrit arabe cité plus
haut nous apprend qu'au cours de cette année,
deux hommes dont le nom mérite d'être conservé, Chems de Damas et Haken d'Alep,
ouvrirent chacun « une maison de café »
dans le quartier appelé Takhtecalah. Ces établissements étaient installés avec un certain
luxe, garnis même de sofas. Ils furent d'abord
un lieu de rendez-vous pour les oisifs, puis
commencèrent à être fréquentés par des
hommes instruits et de beaux esprits. On y
voyait parfois réunies jusqu'à vingt ou trente
personnes, qui s'y entretenaient agréablement. Pour faire diversion, on y jouait au
trictrac et aux échecs, on y lisait des poésies
nouvelles, on y discutait des questions littéraires et d'autres aussi. Dès cette époque, le
café produit certains effets que nous retrou-
verons identiques partout où il apparaîtra, et
qu'aucune boisson n'avait déterminés avant
lui. Incapable d'amener l'ivresse, il stimule
le cerveau, développe le goût de la conversation, constitue un élément de sociabilité.

A peu près seuls, les muezzins, les tinams,

Vendeur de Caffé par les rues

D'après le *Recueil de cent estampes représentant les différentes nations du Levant*, par M. de Ferriol, 1714, in-folio.

1.

les muftis, les ulémas, les derviches, les dévots de profession s'abstenaient de fréquenter
les cafés. Aussi ne tardèrent-ils pas à les attaquer, alléguant qu'il fallait les considérer
comme des lieux de débauche, que leurs
innombrables hôtes y censuraient les actes
du gouvernement, négligeaient les devoirs de
la religion et délaissaient les mosquées. Là-
dessus, Amurat III fit fermer tous les cafés.
Ils se rouvrirent peu à peu, et des vizirs
finirent par en subventionner plusieurs, qui
leur produisirent d'honnêtes revenus. Mais
un grand vizir méticuleux, nommé Mustapha Koprili, entreprit, sous Mahomet IV,
une nouvelle campagne contre ces établissements. S'étant rendu incognito dans quelques-
uns d'entre eux, il constata que les ordres de
l'empereur y étaient l'objet d'amères critiques, et que l'on n'y ménageait guère le
grand vizir. La fermeture ne se fit pas attendre (1691). Malgré tout, la consommation
du café ne diminua pas, car il n'y eut pas une
famille, si pauvre fut-elle, où l'on n'en prit
plusieurs fois par jour. Mustapha II se montra
plus tolérant et plus avisé que ses prédéces-
seurs, il se borna à frapper le café d'un impôt (1698), et arriva ainsi à remplir son tré-

sor sans mécontenter personne. Abandonnons
donc l'Orient, et voyons comment le breuvage si cher aux Turcs fut introduit et accueilli
en Europe.

On ne le connut d'abord que par le récit
des voyageurs, qui en avaient pris, ou vu
prendre, durant leurs lointaines pérégrina-
tions.

Le café n'est mentionné ni par Antonio
Menavino qui, en 1548, énuméra les boissons dont usaient alors les Turcs [1], ni par
Pierre Belon qui, en 1557, décrivit les principaux arbustes de l'Arabie [2]. Il semble convenu que le premier récit de voyage où il en
soit parlé est celui de l'Allemand Léonard
Rauwolf, publié en 1582; c'est du moins ce
que je lis partout. A vrai dire, cette unani-
mité ne me touche guère, et parmi ceux qui
la composent, bien peu sans doute ont consulté l'ouvrage de Rauwolf, écrit en dialecte
souabe, et devenu d'une extrême rareté.
Quant à moi, j'avoue que je n'ai pu me le
procurer.

[1] J.-A. Menavino, *Trattato de costumi et vita de Tur-
chi*. Florence, in-8°. Voy. p. 175 du vol.

[2] *Portraits d'oyseaux, animaux, serpens, herbes, arbres,
hommes et femmes de l'Arabie et de l'Égypte.* Paris, 1557,
in-4°. Voy. p. 112 du vol.

Le médecin italien Prosper Alpini, mort en 1617, habita l'Orient pendant six ans. Voyageant surtout en botaniste, il eut l'occasion d'observer le café, et il lui consacra l'article suivant dans son *Traité des plantes d'Égypte* [1] :

J'ay veu un arbre dans le jardin de plaisance d'un Turc appelé Haly-Bey, lequel produit les graines communes qu'on appelle *bon* et *ban*, dont tous les Arabes et Égyptiens font un breuvage très commun, qu'ils boivent au lieu de vin et qu'ils vendent dans les tavernes publiques [2] comme le vin parmi nous : ils l'appellent *caova*. L'on apporte ces graines de l'Arabie heureuse. L'arbre que je vous ay dit avoir veu ressemble fort à l'évonyme [3], mais toutefois il a les feuilles plus espaisses, plus dures, plus vertes, et mesmes il joüyt d'une perpétuelle verdure. Leur usage est connu d'un chacun pour faire ledit breuvage.

Les Turcs usent de cette décoction pour fortifier le ventricule [4] trop froid, et pour en ayder la coction, comme aussi pour oster les obstructions des entrailles. Ils s'en servent aussi avec heureux suc-

[1] *Prosperi Alpini de plantis Ægypti liber.* Venise, 1592, in-4°, cap. xvi, page 26. Je cite, en la confrontant avec le texte, la traduction qu'en a donnée Jean Girin, dans son traité *De l'usage du caphé, du thé et du chocolate.* Lyon, 1671, in-18, p. 12.

[2] Il y a dans le texte : « In publicis œnopoliis. »

[3] « Evonomo similis. » Evonymus est le nom latin de notre fusain.

[4] L'estomac.

cez pendant plusieurs jours dans les tumeurs froides
du foye et de la rate, comme aussi dans les obstructions invétérées desdites parties. Il est certain que
c'est aussi un remède particulier pour les affections
de matrice, puisqu'il l'échauffe et la débouche;
estant une chose ordinaire parmi les femmes
d'Égypte et d'Arabie, lors qu'elles ont leurs mois,
d'en boire quantité, fort chaud, l'humant peu à
peu, pour en ayder le cours, et de s'en servir de
mesme en celles ausquelles ils sont supprimez. Et
l'usage de cette décoction pendant plusieurs jours
est fort utile, le corps ayant esté auparavant purgé[1].

L'Anglais Édouard Terri, qui séjourna de
1615 à 1617 dans les États du grand Mogol,
écrit de son côté :

Il y a beaucoup de personnes en ce païs à qui la
religion ne permet pas de boire du vin. Ceux-là se
servent d'une liqueur qui est plus saine qu'elle
n'est plaisante à boire. Elle s'appelle parmy eux
cahüa, et est faite d'une fève noirâtre que l'on fait
boüillir dans de l'eau, à laquelle elle ne donne
quasi point de goust, quoyqu'elle ne laisse pas
d'avoir beaucoup de vertu pour aider à la digestion,
pour réveiller les esprits et pour purifier le sang[2].

Dans la curieuse relation de ses voyages,

---

[1] Voy. aussi *P. Alpini de medecina Ægyptiorum libri IV.*
1645, in-4°, p. 118.

[2] *Voyage d'Édouard Terri aux Indes orientales,* p. 13.
Dans Thévenot, *Relations de plusieurs voyages curieux,*
t. I.

Pietro della Valle cite souvent le café, qu'il nomme *cahué*. Il écrivait de Constantinople, le 7 février 1615, à son ami Schipano[1] :

Les Turcs ont un breuvage dont la couleur est noire, qui pendant l'été est fort rafraîchissant, au lieu qu'il échauffe l'hiver, sans changer pourtant d'essence et demeurant toujours la même boisson. On l'avale chaud, parce qu'il passe par le feu, et on le boit à longs traits, non pas durant le repas, mais après, comme une espèce de friandise et par gorgées, pour s'entretenir à son aise dans la compagnie des amis, et l'on ne voit guères d'assemblée parmy eux où l'on n'en boive. Ils nomment ce breuvage *cahué*[2], ils le font avec la graine ou le fruit d'un certain arbre qui croît en Arabie vers La Meke. Si l'on veut croire les Turcs, il contribuë notablement à la santé, aide à la digestion, fortifiant l'estomac et arrêtant le cours des fluxions et des caterrhes. Ils disent aussi qu'après le souper il empêche que l'on s'assoupisse; et pour ce sujet, ceux qui veulent étudier la nuit en prennent pour lors.

Pietro della Valle écrit un peu plus loin :

Quand je reviendrai en Europe, j'emporterai un

---

[1] *Viaggi di Pietro della Valle.* Rome, 1501, in-4°, t. I, p. 152. — Je cite la traduction abrégée qu'a donnée de ce passage Sylvestre Dufour, dans ses *Traitez nouveaux et curieux du café, du thé et du chocolate.* Lyon, 1685, in-12, p. 94.

[2] « Che chiamano cahue. »

spécimen de ce simple et le révélerai à l'Italie, qui
sans doute ne le connait pas encore [1].

Sir Thomas Herbert, chargé vers 1626
d'une mission en Orient, attribue au café des
vertus extraordinaires [2] :

Il n'y a rien que les Perses aiment tant que le
coho ou *copha,* que les Turcs et Arabes appellent
caphé ou *cahua.* L'on peut dire que cette boisson a
esté tirée du lac de Stix, tant elle est noire, espaisse
et amère. Elle est faite d'une sorte de graine ronde
et grosse, ressemblant aux grains de laurier. Ils
disent qu'elle est fort saine, prise toute chaude,
car elle dissipe la mélancolie, purge la colère, en-
gendre joye et aide admirablement à la concoction.
Néantmoins, ils ne la considèrent pas tant à cause
de toutes ces qualitez recommandables qu'à cause
d'une tradition qu'ils ont qu'elle a esté inventée et
composée par l'ange Gabriel pour restaurer les
forces défaillantes du brave Mahomet, qui se vante
luy-mesme de n'en avoir jamais pris qu'immédiatement il n'ait senty une vigueur capable de désar-
çonner quarante hommes et de contenter plus de
quarante femmes.

[1] « Quando io faro di ritorno, ne portero meco, e faro
conoscere all'Italia questo semplice, che in infin'ad hora
forse le è nuovo. » Page 154. — Son retour eut lieu en
1626, mais s'est-il souvenu de sa promesse ?
[2] *Relation du voyage de Perse et des Indes orientales,*
traduite de l'anglois de Thomas Herbert. Paris, 1663, in-4°,
p. 386.

Ces merveilleuses propriétés n'ont pas été observées par le R. P. Pierre Dan, le premier Français, je crois, qui ait mentionné le café. Son chapitre relatif aux mœurs des Mahométans, écrit vers 1635, renferme le passage suivant :

C'est leur coustume de s'assembler dès le matin dans les grandes rues où il y a des marchands, et dans les places publiques où se tiennent les bazars ou les marchez. Là, sur' le bord des boutiques, ils s'entretiennent à discourir et à prendre dans de petites escuelles de pourcelaine du *cavé* et de l'eau de vie. Ce cavé est une manière de breuvage noir comme de l'ancre, qui leur semble fort sain et qui desseiche grandement. Ils le boivent peu à peu, à plusieurs reprises, et employent à ce bel exercice deux ou trois heures du jour, dont le reste se passe à prendre du tabac en fumée. A quoy ils se plaisent si fort qu'ils ne s'assemblent jamais en aucun logis · qu'on ne leur en apporte aussi-tost. Quand ils veulent faire la desbauche, ce qu'ils appellent entre eux *faire soulfre*, ils se retirent pour cet effet dans une chambre qui leur est particulière dans leur logis, sans que leurs femmes ny leurs enfans y osent entrer. Et c'est là qu'ils passent assez souvent le jour ou la nuict à manger, à boire et à souffler le petun [1].

----

[1] *Histoire de Barbarie et de ses corsaires, où il est traitté de leur gouvernement, de leurs mœurs, de leurs cruautez, de leurs brigandages, de leurs sortilèges et de plusieurs*

Un autre Français, nommé Duloir, dont le voyage dura de 1639 à 1641, se montre plus indulgent :

[Quand en Turquie, écrit-il, on reçoit la visite d'un ami,] on luy sert, dessus une sous-coupe de bois peinte de feüillages à la persane, une grande tasse de porcelaine pleine de cherbet, qui est un suc de limon et de citron confit dans le sucre, et qu'on délaye dans l'eau.

Après ce délicieux breuvage, on luy apporte, dans une tasse plus petite, le *cahué,* qui est une eau rousse qui prend son nom avec sa teinture d'une graine d'Égypte qu'on fait boüillir dedans, et qui est grosse comme un grain de froment. Cette liqueur n'est bonne que toute chaude, tellement qu'à peine peut-on la succer du bord des lèvres, et on ne la prend qu'en soufflant, et à plusieurs reprises. La première de ces liqueurs est très délicate et rafraichissante, et la seconde est d'un goust qui sent un peu la fumée, mais d'un effet merveilleux pour l'estomach et pour empescher que les vapeurs ne montent au cerveau [1].

L'Allemand Jean Vesling, qui publia en 1638 une nouvelle édition du livre de Prosper

autres particularitez remarquables ; ensemble des grandes misères et des cruels tourmens qu'endurent les chrestiens captifs parmy les infidèles. Par le R. P. Pierre Dan, ministre et supérieur du convent de la sainte Trinité et rédemption des captifs, fondé au chasteau de Fontaine-bleau. Paris, 1637, in-4°, p. 236.

[1] *Les voyages du sieur Duloir.* 1663, in-4°, p. 169.

Toriq ou Pot Pour Faire Cuire le Café

Plante du Café

Instrument Pour Torrefier le Café

Feves de Café

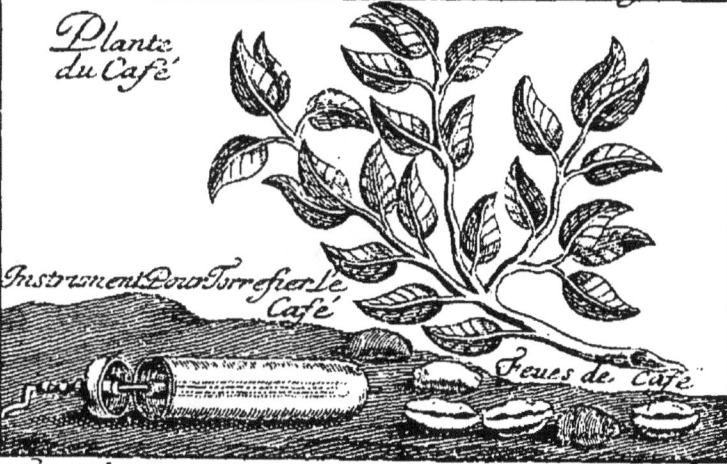

Traité Nouveau & Curieux du Café
Composé Par Philippe. Sylvestre Dufour

Frontispice.

Alpini, donne comme lui au café le nom de
bon. Cet arbrisseau, dit-il, ne croît point en
Égypte, mais il y est l'objet d'un grand commerce. On compte au Caire quelques milliers
de maisons [1] où une multitude de gens viennent boire du café très chaud ; quelques-uns y
ajoutent du sucre pour en corriger l'amertume [2]. Il se consomme dans l'empire Turc
une énorme quantité de cette graine ; aussi,
toujours chère dans le Levant, est-elle d'une
extrême rareté en Europe [3].

Ces mots semblent bien établir que le café
n'était déjà plus tout à fait inconnu en Occident, et il y a en effet lieu de croire que la
commerçante Venise avait pu emprunter à
l'Orient un produit si répandu dans les pays
baignés par la Méditerranée et l'Adriatique [4].

Delamarre prétend qu'il fut apporté à Londres en 1616 [5], assertion démentie par François Bacon, grand chancelier d'Angleterre, et

---

[1] « Aliquot mille tabernis in urbe Memphi, » dit le texte.

[2] « Non desunt qui saccharo potionis amaritudinem di-
luant. »

[3] *J. Veslingii de plantis Ægyptiis observationes et notæ
ad Prosperum Alpinum.* 1638, in-4°, p. 22.

[4] Voy. Jean de la Roque, *Voyage de l'Arabie heureuse
par l'Océan oriental.* 1716, in-12, p. 304.

[5] *Traité de la police,* t. III, p. 797.

mort en 1626. On lit, en effet, dans son traité intitulé *Historia vitæ et mortis* [1] les lignes suivantes, qui prouvent bien que les Anglais ne soupçonnaient guère l'existence du café :

Les Turcs font usage d'une sorte d'herbe qu'ils appellent *caphé*, et dont ils soumettent à l'action de l'eau chaude le fruit desséché. Ils puisent dans ce breuvage, prétendent-ils, une nouvelle vigueur pour le corps et pour l'esprit. Toutefois, pris en grande quantité, il trouble l'entendement, d'où l'on doit conclure que cette herbe est de même nature que l'opium [2].

On a dit aussi qu'un Anglais, nommé Edward, avait introduit le café à Londres en 1651. Enfin, suivant Savary [3], l'île Bourbon en envoya en France dès 1626. Rien de tout cela n'est démontré. Mais il paraît établi que Marseille est la première ville de France où le café ait été importé.

Un sieur de la Roque, négociant arrivé de Constantinople vers 1644, en rapporta « non seulement du café, mais encore tous les petits meubles et les ustensiles qui servent à son usage dans la Turquie. Cela passoit alors pour

[1] *The works.* Londres, 1753, 3 in-folio, t. III, p. 355.
[2] « Unde manifestum est eam esse similis naturæ cum opiatis. »
[3] *Dictionnaire du commerce,* édit. de 1719, t. II, p. 24.

une vraye curiosité, et l'on en voit encore
aujourd'hui un cabinet passablement bien
orné dans sa maison de campagne... Ce premier usage du café à Marseille n'alla pas au
delà d'un certain nombre d'amis qui, comme
luy, avoient pris les manières du Levant [1]. »
C'est vers 1660 seulement que des voyageurs
et des marins revenus d'Orient mirent en
réalité le café à la mode ; l'Égypte en exporta
alors par lourdes balles, les droguistes commencèrent à en vendre, et Lyon ne tarda pas
à imiter Marseille.

Le commerce du café ne prit toutefois quelque importance qu'après la publication des
voyages de Jean de Thévenot dans le Levant.
La première édition parut en 1664 et obtint
un très grand succès. L'auteur y consacrait au
cahvé un chapitre entier qui excita autant d'in-
térét que de curiosité.

Les Turcs, écrivait-il, ont une boisson qui leur
est fort ordinaire ; ils l'appellent *cahvé* et en usent
à toutes les heures du jour. Cette boisson se fait
d'une graine dont nous parlerons ci-après. Ils la
font rôtir dans une poile ou autre ustensile sur le
feu, ils la pilent et mettent en poudre fort sub-

---

[1] Ceci nous est raconté par son fils Jean de la Roque. Voy.
le *Voyage de l'Arabie heureuse*, p. 364.

tile; et quand ils en veulent boire, ils prennent un coquemar fait exprès qu'ils appellent *ibrik*. L'aiant empli d'eau, la font bouïllir; quand elle bout, ils y mettent de cette poudre pour environ trois tasses d'eau une bonne cuillerée, et quand cela bout, on le retire vîtement de devant le feu, ou bien on le remuë : autrement il s'enfuiroit par dessus, car il s'élève fort vîte. Quand il a bouilli ainsi dix ou douze bouillons, ils le versent dans des tasses de porcelaine qu'ils rangent sur un tranchoir[1] de bois peint, et vous l'apportent ainsi tout bouïllant. Il le faut boire ainsi chaud, mais à plusieurs reprises, autrement il n'est pas bon.

Ce breuvage est amer et noir, et sent un peu le brûlé. On le boit tout à petits traits, de peur de se brûler, de sorte qu'étant dans un cahvehane (ainsi nomment-ils les lieux où on le vend tout préparé), on entend une assez plaisante musique de humerie.

Cette boisson est bonne pour empêcher que les fumées ne s'élèvent de l'estomac à la tête, et par conséquent pour en guérir le mal; et par la même raison, il empêche de dormir. Lorsque nos marchands françois ont beaucoup de lettres à écrire et qu'ils veulent travailler toute la nuit, ils prennent le soir une ou deux tasses de cahvé. Il est bon aussi pour conforter l'estomac et aide à la digestion. Enfin, selon les Turcs, il est bon contre toute sorte de maux, et assurément il a autant de vertu qu'on en attribuë au thé. Quant au goût, on n'en a pas

---

[1] Un plateau. Voy. les *Variétés gastronomiques*.

bû deux fois qu'on s'y accoutume, et on ne le trouve plus désagréable.

Il y en a qui y mêlent des cloux de girofle et quelques grains de cardamome; d'autres y ajoutent du sucre; mais ce mélange, qui le rend plus agréable, le fait moins sain et profitable. Il s'en boit une grande quantité dans les païs des Turcs; il n'y a pauvre ou riche qui n'en boive au moins deux ou trois tasses par jour, et c'est une des choses que le mari est obligé de fournir à sa femme.

Il y a plusieurs cabarets publics de cahvé, où on le fait cuire dans de grandes chaudières. En ces lieux, toutes sortes de personnes s'y peuvent rendre, sans distinction de religion ni de qualité, et il n'y a point de honte d'y entrer, plusieurs y allant pour s'entretenir. Il y a même au dehors du logis des bancs de massonnerie, avec des nattes par dessus, où s'assient ceux qui veulent voir les passans et être à l'air. Il y a ordinairement dans ces cahve-hanes plusieurs violons, joueurs de flûtes et musiciens, qui sont gagez du maître du cahvehane pour joüer et chanter une bonne partie du jour, afin d'attirer le monde. Quand quelqu'un est en un cahvehane et qu'il voit entrer des personnes de sa connoissance, s'il est un peu civil il donnera ordre au maître de ne point prendre de leur argent, et cela par un seul mot, car lorsqu'on leur présente du cahvé, il n'a qu'à crier *giaba,* c'est-à-dire gratis [1].

[1] *Voyages de M. de Thévenot en Europe, Asie et Afrique.* Édit. de 1727, t. I, p. 103.

Les cafés, tels que nous les comprenons aujourd'hui, existaient donc déjà en Orient, et l'Europe n'allait pas tarder à en posséder. Le premier que vit la France fut ouvert à Marseille en 1671 : « On y fumoit et on y jouoit. Le concours ne manqua pas d'y estre fort grand, surtout de la part des Levantins. Outre que les marchands et tous les marins trouvèrent ce lieu-là commode pour conférer de leur commerce et pour s'entretenir sur la navigation. Ce qui fit bientôt augmenter le nombre de ces lieux publics, sans que pour cela on prit moins de café dans les maisons particulières. On en prenoit aussi sur les galères du Roy, et c'étoient les Turcs qui le préparoient [1]. »

Toutefois, l'Europe ne se montra pas plus sage que l'Asie et l'Afrique. A peine le café y fut-il connu et apprécié qu'il se vit en butte à de ridicules persécutions. Toléré par le gouvernement et par l'Église, il rencontra d'autres ennemis. Ce furent les médecins qui le dénoncèrent, menaçant de maladies épouvantables les gens assez imprudents pour absorber un si dangereux breuvage. Puis s'apercevant

[1] *Voyage dans l'Arabie heureuse*, p. 365.

qu'ils n'effrayaient personne, ils se décidèrent
à faire attaquer solennellement leur ennemi
dans une thèse qu'allait soutenir un candidat
à l'agrégation. Cette thèse, que nous possédons, a pour titre :

QUESTIONS DE MÉDECINE *proposées par Messieurs
Castillon et Fouque, docteurs de la Faculté d'Aix,
à Monsieur Colomb, pour son agrégation au collège
des médecins de Marseille, sur lesquelles on doit
disputer le 27 février 1679 dans la salle de la Maison de Ville.*

La deuxième *question*, la seule qui nous
intéresse, était posée en ces termes : *Sçavoir
si l'usage du café est nuisible aux habitans de
Marseille.*

Le candidat constatait d'abord ce fait
étrange que, partout où le café avait pénétré,
il était devenu en peu de temps une habitude
assez tyrannique, une passion assez violente
pour résister à tous les avertissements, même
à toutes les persécutions.

« Parmi nous déjà, ajoutait-il, il s'en faut
bien peu que cette boisson, par les grandes
qualités qu'on lui attribue, n'abolisse entièrement l'usage du vin, quoiqu'à dire le vrai, ni
le goût, ni la couleur, ni l'odeur, ni la sub-
stance même et toutes les propriétés du café

n'approchent pas seulement de la lie de cette
excellente liqueur. » Des médecins cependant n'ont pas craint de préconiser le café.
Et pourquoi? Parce que les Arabes l'ont appelé
bon, parce qu'il est un produit de l'Arabie
heureuse, et aussi parce qu'il a été révélé à
l'homme par des chèvres ou des chameaux.
Mauvaises raisons, en vérité, qui ne sauraient
prévaloir contre un examen attentif des déplorables effets produits par cette pernicieuse
boisson. Et le docteur concluait ainsi :

Quelques-uns assurent que le café est froid de sa
nature, c'est pourquoi ils recommandent d'en boire
ou plutôt d'en humer peu à peu la décoction extrêmement chaude; mais il est sûr, au contraire, que
le café est naturellement fort chaud et fort sec,
non-seulement par l'autorité des auteurs qu'on
vient de nommer [1], mais encore par le principal et
le plus sensible de ses effets. Les parties adustes
dont il abonde sont, en effet, si subtiles et d'un si
grand mouvement qu'étant répandues dans la
masse du sang, elles en entraînent d'abord toute la
sérosité dans les réservoirs de l'urine et dans les
autres parties du corps.

De là, attaquant le cerveau, après en avoir dissous
toute l'humidité et les corpuscules grossiers, elles
en tiennent ouverts tous les pores, et empêchent
que les esprits animaux qui causent le sommeil ne

[1] Avicenne, Prosper Alpin, etc.

soient portés au milieu du cerveau lorsque ces pores
viennent à se boucher. D'où il arrive que ces parties adustes causent, par leur qualité, des veilles
souvent si opiniâtres que le suc nerveux dont la
force est nécessaire pour la réparation des esprits
venant à manquer tout à fait, les nerfs se relâchent,
d'où résultent la paralysie et l'impuissance. Et par
l'âcreté et la sécheresse d'un sang déjà entièrement
brûlé, toutes les parties ensemble deviennent si
épuisées de suc que le corps entier est enfin réduit
en une horrible maigreur.

Tous ces maux arrivent le plus souvent à ceux qui
sont d'un tempérament bilieux ou mélancolique, à
ceux qui ont le foye et le cerveau naturellement
chauds, et à ceux enfin dont les esprits sont fort
subtils et dont le sang est brûlé.

De tout cela il faut nécessairement conclure que
l'usage du café est nuisible à la plus grande partie
des habitans de Marseille.

Parmi les arguments si bien présentés ici
par le jeune docteur, il en est un sur lequel il
faut revenir, car pendant bien longtemps
encore nous le rencontrerons allégué contre
l'usage du café. « Les nerfs, dit-il, se relâchent, d'où résultent la paralysie et l'impuissance. » Il aurait bien autrement développé
ce sujet s'il eût connu la relation qu'avait
publiée, trente ans auparavant, le voyageur
allemand Adam OElschælger au retour de son

2.

séjour en Perse. Il s'y exprime en ces termes :

Les Perses boivent avec le tabac une certaine eau
noire qu'ils appellent *cahwa*, qu'ils font d'un fruict
qu'on leur apporte d'Égypte, et ressemble en la
couleur au froment ordinaire, et au goust au bled
de Turquie, et est de la grosseur d'une féverole.
Ils le font frire ou plutost brûler dans une poësle,
sans aucune liqueur, le réduisent en poudre, et le
faisant boüillir dans de l'eau commune, ils en font
ce breuvage qui ne sent que le brûlé et n'est point
du tout agréable à boire.

Il a une faculté rafraîchissante, et les Perses
croyent qu'elle esteint la chaleur naturelle. C'est
pourquoy ils en boivent souvent, parce qu'ils
n'aiment point de se voir chargés d'enfans; et ils
se cachent si peu de la crainte qu'ils en ont que
j'en ay veu qui venoient consulter nostre médecin
pour des remèdes de cette nature. Mais comme il
estoit de bonne humeur, il leur respondoit qu'il
aimoit mieux les aider à faire des enfans qu'à leur
donner de quoy s'en empescher.

Je dis que les Perses croyent que cette eau est
capable d'étouffer entièrement la chaleur naturelle
et la vertu d'engendrer, et à ce propos ils racontent
d'un de leurs Roys nommé sultan Mahomet Caswin,
qui régnoit en Perse devant le temps de Tamerlan,
qu'il s'estoit tellement accoustumé au khawa qu'il
en prit une aversion inconcevable pour les femmes,
et que la Reine estant un jour à la fenestre de sa
chambre et voyant que l'on avoit couché un cheval
par terre pour le chastrer, demanda pourquoy l'on

traitoit de la sorte un animal si bien fait. Sur quoy on luy répondit qu'il estoit trop fougueux, et on luy fit connoitre en parolés couvertes qu'on luy alloit oster avec la vertu générative le trop grand courage qu'ont les chevaux entiers. Mais la Reine leur répliqua que cette peine estoit bien inutile, puisque le khawa faisoit le mesme effet, et que si l'on en donnoit à ce cheval, il deviendroit dans peu de temps aussi froid que le Roy son mary[1].

[1] *Relation du voyage d'Adam Olearius en Moscovie, Tartarie et Perse, traduit de l'allemand par A. de Wicquefort.* Paris, 1666, in-4°, t. I, p. 577.

CHAPITRE II

DÉBUTS DU CAFÉ A PARIS

[Années 1643 à 1690.]

La voûte du Petit-Châtelet. — Le premier marchand de café
à Paris. — Les premiers cuisiniers faiseurs de café viennent
d'Italie. — Le maître d'hôtel Audiger. — Le voyageur
J. de Thévenot offre du café à ses amis. — Tentative
faite par quelques Arméniens. — Ce qu'on pensait du
café à Paris en 1666. — Soliman Aga le fait connaître
dans le grand monde. — Il se vend quatre-vingts francs
la livre. — Éloge de « la meure appelée coffé. » — La
foire Saint-Germain et le premier café qu'ait eu Paris. —
Les cafés de Pascal, de Maliban, des Persans Grégoire et
Makara. — Le Gantois et le Candiot. — Le Levantin
Joseph et Étienne d'Alep. — Les origines du café Procope.
— Mme de Sévigné a-t-elle écrit : « Racine passera
comme le café ? » — Le café disgracié à la Cour. — Analyse chimique du café. — Propriétés thérapeutiques attri-
buées au café en 1685. — Comment on le préparait.
— Invention du brûloir et du moulin. — Le café *à la
sultane*. — Prix du café en 1686. — Le *lait cafeté* et le
café laité.

Il existait sous le Petit-Châtelet un passage
couvert qui conduisait de la rue Saint-Jacques
au Petit-Pont. Quelques boutiques, étroites et
sombres, s'ouvraient de chaque côté de la

voûte. Dans l'une d'elles vint, dit-on, s'établir
en 1643 un Levantin qui chercha à débiter,
sous le nom de *cahove* ou *cahouet*, soit du café
en grains, soit de la décoction de café.

Cette tentative n'obtint aucun succès, et
elle était oubliée quand, vers 1660, le maître
d'hôtel du cardinal Mazarin fit venir d'Italie un
sieur More, qui, parait-il, s'entendait très bien
à préparer le nouveau breuvage. Un autre Italien non moins habile, nommé Andrea Salva-
tor, fut appelé à Paris vers le même temps par
le maréchal de Gramont, « lequel estoit fort
curieux de ces sortes de choses, et vouloit bien
en faire la dépense nécessaire. » Ces renseignements me sont fournis par Audiger [1], célèbre maître d'hôtel que j'ai eu déjà souvent l'occasion de citer [2]. « J'appris de ces deux hommes, dit-il, à distiller toutes sortes de fleurs,
fruits, grains et autres choses, à distiller tant
par le chaud que par le froid, et à préparer le
chocolat, le thé et le café, que peu de gens
connoissent encore en France. » Audiger
partit ensuite pour l'Italie, afin de s'y perfectionner dans l'art culinaire; il y passa qua-

[1] *La maison réglée.* 1692, in-12, p. 166.
[2] Voy. *La cuisine*, p. 238. — *Comment on devenait patron*, p. 284. — *Variétés gastronomiques*, p. 254.

torze mois, et regagna sa patrie le 16 janvier 1660.

Deux ans après, arrivait à Paris le voyageur Jean de Thévenot, qui avait pris en Orient l'habitude du café et qui nevoulut pas y renoncer. On en servait donc chaque jour chez lui, et lorsqu'il donnait à diner, il prenait plaisir à en régaler ses hôtes [1]. Cette galanterie était fort goûtée, mais elle ne s'ébruita guère et resta limitée à un petit nombre d'amis.

Vers le même temps, des Arméniens, ou soi-disant tels, apportèrent du Midi des balles de café, et tentèrent d'en généraliser l'usage à Paris. Ils ne purent vaincre l'indifférence du public. Comme le prouvent de mauvais vers, composés en 1666 par l'avocat Subligny, bien peu de Parisiens soupçonnaient alors l'existence du *kavé*, et ceux qui en avaient ouï parler ne le prenaient guère au sérieux :

> Adieu, j'ay si mal à la teste
> Que je ne sçay pas où tourner,
> Et que le mal icy m'arreste :
> On ordonne de me saigner,
> Mais je suis peu pour la saignée ;
> J'ayme mieux prendre du kavé

A. Galland, *De l'origine et des progrez du café*, p. 76.

Qui guérit en moins d'un avé
Quand le reste ne peut guérir en une année.
    Ce mot de kavé vous surprend !
    C'est une liqueur arabesque,
    Ou bien si vous voulez turquesque
    Que dans le Levant chacun prend.
On s'en sert en Afrique, on s'en sert en Asie,
    Elle a passé dans l'Italie,
    En Hollande et chez les Anglois
    Où l'on la trouve fort utile,
Et des Arméniens qui sont en cette ville
    L'apportent encore aux François.
    Sa vertu n'a point de pareille,
    Tout le monde s'en apperçoit,
Et surtout pour la femme elle opère merveille
    Quand c'est le mary qui la boit [1].

L'habitude du café ne s'est donc pas introduite à Paris sans difficulté; tout au moins
elle n'y a pas été l'objet d'un de ces engoue-
ments subits dont l'histoire de nos mœurs
offre bien des exemples. Si les Orientaux
l'adoptèrent plus vite, c'est que l'usage du vin
leur était défendu, interdiction qui heureusement ne pesait pas sur les Parisiens. Aussi, ne
firent-ils jamais du café leur breuvage favori,
et fallut-il pour le mettre à la mode un événement susceptible de frapper leur imagination.

[1] *La muse de Cour*, n° du 2 décembre 1666, 28ᵉ semaine,
p. 228.

En 1669, Mahomet IV envoya à Louis XIV
un ambassadeur extraordinaire ; il se nommait
Soliman Aga Mustapha Raca, et avait été
intendant des jardins du sérail. C'était un
homme d'une cinquantaine d'années, grave
et fier. On déploya pour sa réception une magnificence inouïe. Le roi se fit confectionner
un habit surchargé de diamants, dont la
valeur, dit d'Ormesson, représentait une
somme de quatorze millions [1]. Les grands seigneurs qui entouraient le souverain étaient
aussi « tous brillans de pierreries [2]. » Le
trône royal s'élevait à l'extrémité d'une vaste
galerie, le long de laquelle on avait disposé
des tentures de soie, d'admirables tapisseries,
des guéridons, des vases, des tables d'argent.
L'ambassadeur n'en parut point ébloui ; vêtu
d'une robe de camelot très simple, il ne
témoigna aucune admiration, aucun étonne-
ment. Il s'avança avec lenteur, et remit une
lettre au roi, demandant qu'on la lût. Louis
XIV « la fit ouvrir, et, comme elle estoit longue, il dit qu'il la verroit et feroit response.
Le Turc se plaignit que le Roy ne s'estoit pas

[1] *Journal d'Olivier Lefèvre d'Ormesson,* édit. Chéruel,
t. II, p. 577.
[2] *Gazette de France,* n° du 6 novembre 1669, p. 1165.

levé pour recevoir sa lettre, et dit qu'on le
traitoit mal. Le Roy répliqua qu'il en usoit
comme il avoit accoustumé, et le Turc se retira
mal content [1]. »

Les carrosses de la Cour le ramenèrent à
Paris, où l'on se passionna aussitôt pour lui.
Il recevait volontiers, les dames surtout, et
suivant l'usage de son pays, offrait à ses visi-
teurs du café. Le breuvage parut d'abord détestable, et l'on avait peine à l'avaler sans
grimace. Mais était-ce payer trop cher la joie
de se trouver transporté en plein intérieur
oriental? Les meubles, les tentures, la décoration du logis, tout rappelait les plus opulentes
demeures de Constantinople. Et puis, l'on était
assis par terre sur de moelleux coussins; l'on
conversait avec le maître de la maison au
moyen d'un interprète; de jeunes et beaux
esclaves, portant leur riche costume turc, présentaient aux dames de petites serviettes da-
massées garnies de franges d'or, et leur servaient le café dans des tasses de porcelaine
fabriquées au Japon. Cela fit fureur, et l'enchantement devint sans mélange le jour où le
galant ambassadeur consentit à adoucir l'amer

---

[1] *Journal de Lefèvre d'Ormesson*, p. **578**.

breuvage avec un morceau de sucre. Les personnes qui avaient eu l'inestimable faveur d'être reçues par Soliman s'empressaient de courir chez leurs amis, décrivaient les merveilles qu'elles avaient vues et célébraient les charmes du café, particulièrement du café sucré. Bientôt elles se firent gloire d'en offrir, et c'est ainsi que la coutume d'en prendre se répandit dans la haute société.

Bien entendu, les riches seigneurs seuls pouvaient se donner un pareil luxe, car la précieuse fève, aussi rare que recherchée, se vendait jusqu'à quatre-vingts francs la livre. On n'en trouvait qu'à Marseille, et même là, les négociants, n'ayant pas prévu l'enthousiasme dont allaient être saisis les Parisiens, n'en possédaient guère. Mais le Levant, l'Égypte et Smyrne surtout, ne demandait qu'à en fournir, et le temps n'est pas loin où son prix va la mettre à la portée de tous.

Sauf dans deux ou trois grandes villes, son usage était à peine soupçonné en province. L'abbé de Choisy, racontant un repas qu'il avait fait à Bourges, vers 1670, chez la marquise de la Grise, écrivait : « Après le dîner, on but chacun un petit coup de rossoli [1] de

---

[1] Voy. *Les repas,* p. 146.

Turin ; on ne connoissoit alors ni le café, ni le chocolat, et le thé commençoit à naître [1]. »

Moins de deux ans après l'arrivée de Soliman Aga à Paris, il y avait dans cette ville « plusieurs boutiques où l'on *vendoit* publiquement le caffé, avec l'éloge suivant [2] : »

LES TRÈS EXCELLENTES VERTUS DE LA MEURE APPELLÉE COFFÉ.

Coffé est une meure [3] qui croist dans les déserts d'Arabie seulement, d'où elle est transportée dans toutes les dominations du Grand Seigneur : qui estant beuë, desseiche toutes humeurs froides et humides, chasse les vents, fortifie le foye, soulage les hydropiques par sa qualité purifiante ; souveraine pareillement contre la galle et corruption de sang ; raffraischit le cœur et le battement vital d'iceluy, soulage ceux qui ont des douleurs d'estomac et qui ont manque d'appétit ; est bonne pareillement pour les indispositions de cerveau froides, humides et pesantes.

La fumée qui en sort est bonne contre les deffluxions des yeux et bruit dans les oreilles ; souveraine aussi pour la courte haleine, pour rhumes qui attaquent le poulmon, et douleurs de ratte ; pour les vers, soulagement extraordinaire après avoir

[1] *Histoire de la comtesse des Barres*, édit. de 1807, p. 97.
[2] Girin, p. 23. Son livre parut en 1671.
[3] Une mûre.

trop beu ou mangé. Rien de meilleur pour ceux qui mangent beaucoup de fruict.

L'usage journalier pour quelque temps fera voir les effets cy-dessus à ceux qui, indisposez, s'en serviront de temps en temps.

A ce moment encore, le café était donc regardé comme un médicament plutôt que comme une boisson agréable, et les industriels dont parle Girin se bornaient sans doute à le débiter en grains. Nous allons voir créer la première maison où il ait été vendu tout fait au public, tout prêt à être consommé.

Sur l'emplacement du marché Saint-Germain actuel se tenait chaque année une foire très brillante et qui ne cessait d'attirer la foule. Elle s'y pressait dans neuf rues bordées de cent quarante boutiques où étaient représentées presque toutes les corporations ouvrières de Paris. On y exhibait aussi des nains et des géants, des bêtes féroces et des chiens savants; les confiseries n'y étaient pas rares, les cabarets non plus. C'est là qu'en 1672, un Arménien nommé Pascal eut l'idée d'ouvrir une « maison de café » semblable à celles qu'il avait vues à Constantinople. Cette tentative obtint un succès de curiosité, et quand la foire fut fermée, Pascal transféra son petit

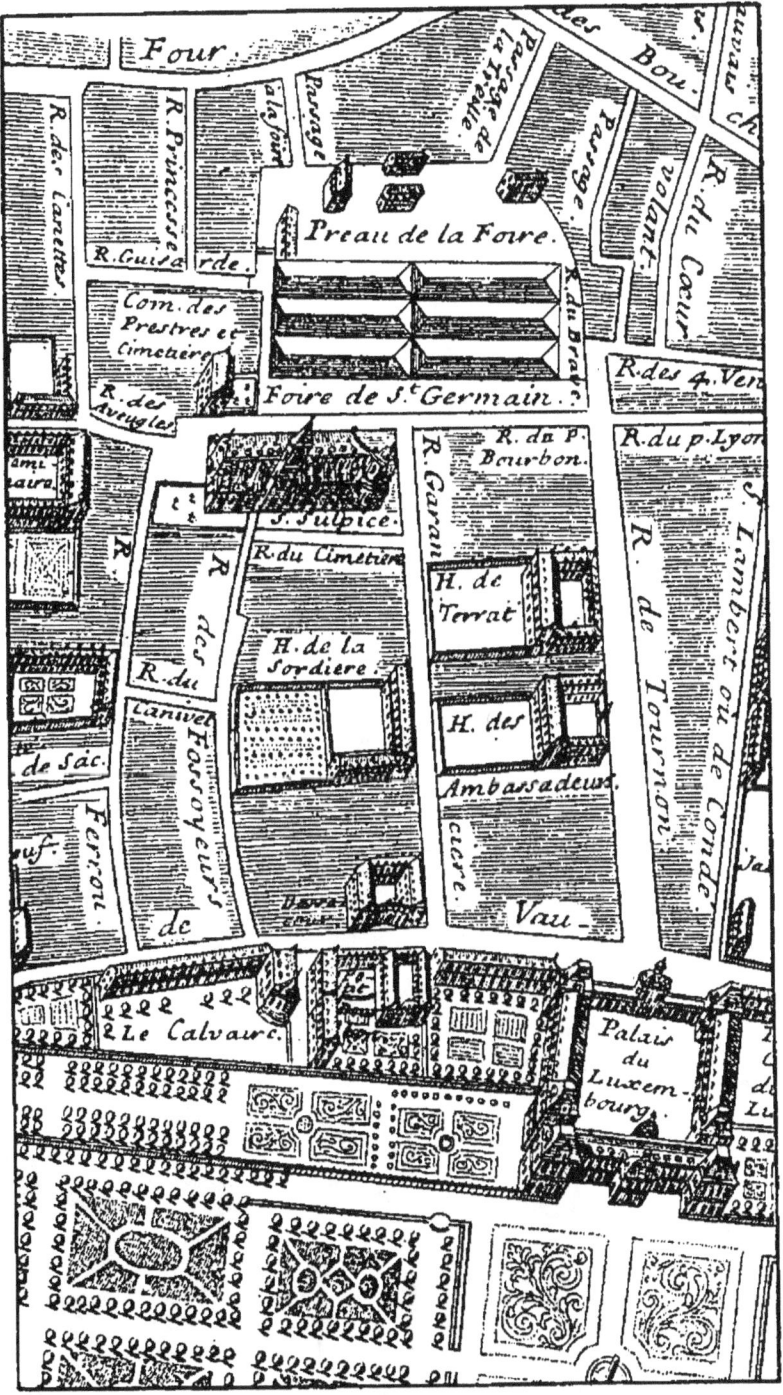

Four.

R. des Canettes.

R. Princesse

R. Guisarde

R. du Four

Passage

la Ferté

Passage de Mortel

volant.

Passage

R. du Cour

R. du Bourbon

Com. des Prestres et Cimetiere.

Preau de la Foire.

R. des 4. Ven

R. du Braq

R. des Aveugles

Foire de St. Germain.

ami. caire.

St. Sulpice.

R. du Cimetiere

R. des Fossoyeurs

R. Garan

R. du P. Bourbon.

R. du p. Lyon

R. de Tournon

R. Lambert ou de Conde

H. de Torrat

R. du Canivet

R. du

de Sac.

H. de la Sordiere.

H. des Ambassadeurs.

Ferrou.

de

Vava rout.

Vau-

Le Calvaire.

Palais du Luxembourg.

D'après le plan de La Caille ; dressé en 1714.

établissement sur le quai de l'École[1]. Bien qu'il y donnât une tasse de café pour deux sous six deniers, il n'eut guère d'autres clients que des Levantins et quelques chevaliers de Malte. Bientôt forcé de cesser ce commerce, il se retira à Londres.

Trois ou quatre ans après, un sieur Maliban, Arménien comme Pascal, ouvrit à son tour une « maison de café » dans la rue de Bussy, près du jeu de paume de Metz. De là, il se transporta rue Férou, puis revint à sa première demeure, où, pour mieux rappeler les cafés orientaux, il se mit à débiter du tabac et des pipes. Enfin, il dut, on ne sait pourquoi, passer en Hollande, et il eut pour successeur son garçon de boutique, qui se nommait Grégoire et était originaire d'Ispahan.

La Comédie française donnait alors ses représentations rue Mazarine, en face de la rue Guénégaud, dans une vaste salle représentée aujourd'hui par la maison qui porte le numéro 42, et est située à gauche du passage du Pont-Neuf. Grégoire pensa que ce voisinage pourrait être favorable à son industrie. Il céda son café à un Persan nommé Makara,

[1] Auj. quai du Louvre.

et vint s'établir rue Mazarine, tout près du théâtre. Puis, lorsque celui-ci se fut transporté rue des Fossés-Saint-Germain [1], il l'y suivit (1689), se logea du même côté de la rue, vit prospérer ses affaires et mourut en 1715. Quant au Persan, il ne lui avait guère fait concurrence : atteint de nostalgie, Makara vendit son café à un Flamand dit le Gantois, et regagna son pays.

Vers le même temps, un petit boiteux, originaire sans doute de Candie et que l'on appelait le Candiot, trop pauvre pour songer à s'établir, eut l'idée de parcourir les rues et de débiter du café à domicile. Ceint d'une serviette blanche, il avait devant lui un éventaire assez propre, et tenait à la main un réchaud surmonté d'une cafetière. Pour deux sous il remplissait la tasse qu'on lui présentait ou l'une des siennes. Le Candiot dut réussir, car il eut des imitateurs. D'abord, un Levantin nommé Joseph, venu à Paris dans l'espoir de faire fortune et qui finit par fonder, au bout du pont Notre-Dame, un café que sa veuve tenait encore en 1715. Puis un sieur Étienne, d'Alep ; celui-ci ouvrit dans la rue Saint-André

[1] Auj. rue de l'Ancienne-Comédie.

des Arts, presque en face du pont Saint-Michel une maison, plus tard devenue célèbre et dont je reparlerai.

Toutefois, il n'existait encore à Paris vers 1680 aucun établissement qui ressemblât, même de très loin, à nos cafés actuels. La bonne société fuyait les boutiques désignées sous ce nom, réduits sales et obscurs où l'on fumait, où l'on prenait de la mauvaise bière et du café frelaté. L'honneur d'avoir changé tout cela appartient à un gentilhomme Palermitain, nommé Francesco-Procopio dei Coltelli. Comment vint-il échouer à Paris? on l'ignore. Ce qui est sûr, c'est que vers 1672, il entra en qualité de garçon dans le café créé par Pascal, et qu'en 1675, alors âgé de vingt-cinq ans, il épousa Marguerite Crouin, dont il eut au moins huit enfants. Disons dès maintenant que devenu veuf en 1697, il se remaria avec une fille noble qui lui donna encore quatre enfants [1]. C'était douze en tout. On voit que Coltelli, le véritable créateur des cafés parisiens, avait de quoi répondre aux mauvaises langues qui accusaient le noir breuvage de produire l'impuissance.

[1] Voy. A. Jal, *Dictionnaire critique*, p. 446.

En 1677, Francesco dei Coltelli est, dans
l'acte de naissance de sa deuxième fille, qualifié de « maître distillateur, » ce qui prouve
qu'il était déjà établi à son compte. Il demeurait sur la paroisse Saint-Sulpice, peut-être
rue de Tournon. Ayant amassé quelque argent,
il acheta vers 1702 un café déjà très fréquenté,
qui était situé en face du Théâtre-Français. Il
le fit décorer avec luxe. On vit pour la première fois dans une boutique de ce genre des
tapisseries, de grands miroirs, des lustres de
cristal et des tables de marbre sur lesquelles
on pouvait se faire servir non seulement
d'excellent café, mais encore du thé, du chocolat, des glaces, des liqueurs de toutes sortes,
des biscuits, des confitures, etc. Cette innova-
tion fut bien accueillie, et l'on peut dire que
de ce jour seulement commença la vogue du
café à Paris. Je reviendrai plus loin sur tous ces
faits. Avant 1716, François-Procope Couteau
avait ainsi francisé son nom, et s'était donné
pour successeur son fils Alexandre, qui mourut en 1753 [1]. Il fut remplacé par un sieur
Dubuisson, auteur d'un traité sur l'*Art du
distillateur*.

[1] Jal, p. 446.

Si Paris résista pendant longtemps à l'habitude du café, cela tient peut-être à ce qu'il ne
s'y trouva d'abord aucun médecin pour l'ac-
cuser, comme les docteurs de Marseille et
comme l'Allemand Simon Paulli [1], de déterminer les plus graves maladies [2]; peut-être
aussi parce que l'on négligea d'en interdire
l'usage, de le persécuter, ainsi qu'on l'avait
fait en Orient et ainsi qu'on allait le faire en
Angleterre [3].

A la Cour de France, l'engouement qu'a-
vaient montré les belles dames pour Soliman
Aga et son café était oublié depuis longtemps,
et l'amer breuvage s'y voyait fort discuté.
Madame de Sévigné, dont les lettres sont un
miroir fidèle du grand monde où elle vivait, va
nous édifier sur ce point.

Mais avant tout, disculpons-la d'un gros
péché qui lui a été souvent imputé, bien
qu'elle ne l'ait point commis. A-t-elle écrit

---

[1] Mort en 1680.

[2] *Simonis Paulli commentarius de abusu tabaci et herbæ
thee.* Dans son *Quadripartitum botanicum.* 1708, in-4°,
p. 761.

[3] En 1766. Voy. Salmon, *Nouvel abrégé chronologique
de l'histoire d'Angleterre,* 1751, in-12, t. I, p. 360, et
Macaulay, *Histoire d'Angleterre,* trad. Montégut, t. I,
p. 402.

cette phrase devenue célèbre : Racine passera
comme le café? Voltaire l'en accuse formelle-
ment dans la préface d'*Irène : «* Nous avons été
indignés contre madame de Sévigné, qui écrivait si bien et qui jugeait si mal ; nous sommes
révoltés de cet esprit misérable de parti, de
cette aveugle prévention qui lui fait dire que
« la mode d'aimer Racine passera comme la
mode du café[1]. » Non, madame de Sévigné
n'a point dit cela. Le 16 mars 1672, elle écrivait à sa fille : « Racine fait des comédies pour
la Champmeslé; ce n'est pas pour les siècles
à venir. Si jamais il n'est plus jeune, et s'il
cesse d'être amoureux, ce ne sera plus la même
chose. Vive donc notre vieil ami Corneille[2]! »
Quatre ans après, le 10 mai 1676, elle mandait encore à sa fille : « Vous voilà donc revenue du café; mademoiselle de Méri l'a aussi
chassé de chez elle honteusement. Après de
telles disgrâces, peut-on compter sur la fortune[3]? » Voltaire retrouva, embrouillés dans
sa mémoire, ces deux textes, et, de bonne foi
sans doute, il prêta à madame de Sévigné un
mauvais propos contre lequel elle ne put pro-

---

[1] Préface écrite en 1776.
[2] Édit. Monmerqué, t. II, p. 536.
[3] Tome IV, p. 443.

tester, étant morte quatre-vingts ans avant qu'il eût été émis.

Ce petit incident nous apprend qu'en 1676 le café était disgracié. Il n'avait pas repris faveur trois ans plus tard, car madame de Sévigné écrivait à sa fille le 8 novembre 1679 : « Du Chesne [1] croit que le café précipite votre sang, qu'il l'échauffe, qu'il peut être bon à des gens qui n'ont mal qu'à la poitrine, mais que jamais il ne s'est ordonné dans la disposition où vous êtes, et qu'on en peut juger par votre maigreur qui augmente à mesure que vous en prenez ; qu'il est à craindre que vous ne vous en aperceviez que trop tard ; que la force que vous croyez que le café vous donne n'est qu'un faux bien, puisque cela vient du mouvement de votre sang, qui auroit besoin, au contraire, d'être calmé et adouci [2]. »

Le café ne peut donc être conseillé que dans les maladies de poitrine, et encore à certaines conditions : « Madame de Schomberg vous prie, si vous voulez à toute force prendre du café, d'y mettre du miel de Narbonne au lieu

---

[1] Il devint médecin des enfants de France en 1693, premier médecin du duc de Bourgogne en 1699, et mourut en 1707.

[2] Tome VI, p. 78.

de sucre, cela console la poitrine, et c'est
avec cette modification qu'on le laisse prendre
à M. de Schomberg, dont la santé est extrêmement mauvaise depuis six ou sept mois[1]. »
Aux yeux du docteur Du Chesne, qui s'est
repenti depuis l'année précédente, le café,
même adouci de cette manière, doit être
absolument condamné : « Je vous mandois
avant-hier comme madame de Schomberg
vous ordonnoit de mettre du miel de Narbonne au lieu de sucre dans votre café. J'ai
trouvé par hasard Du Chesne, qui n'approuve
aucune façon d'être au café : c'est une haine[2]. »
Tout le monde ne portait cependant pas sur lui
un jugement aussi sévère : « Du Chesne hait
toujours le café; le frère Ange n'en dit point
de mal... J'ai sur le cœur que le café ne vous
a point fait de bien dans le temps que vous en
avez pris. Est-ce qu'il faut avoir l'intention
de le prendre comme un remède? Caderousse
s'en loue toujours; le café engraisse l'un et
emmaigrit l'autre : voilà toutes les extra-
vagances du monde. Je ne crois pas qu'on
puisse parler plus positivement d'une chose

---

[1] *Lettre* du 10 janvier 1680, t. VI, p. 181.
[2] *Lettre* du 12 janvier 1680, t. VI, p. 185.

où il y a tant d'expériences contraires [1]. »

De 1680 à la fin de 1688, madame de
Sévigné ne mentionne plus le café qu'en passant. Y avait-on renoncé? Je n'en crois rien,
car entre ces deux dates avaient paru deux
volumes assez curieux, qui lui sont consacrés.
Le premier, publié en 1685 [2], a pour auteur
un marchand droguiste de Lyon, nommé
Philippe-Sylvestre Dufour [3]. Le second est
l'œuvre de Nicolas de Blegny, faiseur de
réclames, à qui ses hâbleries valurent d'abord
le titre de médecin du roi, puis huit années de
prison au château d'Angers [4].

Dufour eut l'idée de soumettre le café à
une analyse chimique, et il chargea de cette
opération deux doctes Lyonnais, le médecin
Spon et l'apothicaire Cassaigne. Elle démontra
que le café « est remply de souffre et de sel

---

[1] *Lettre* du 16 février 1680, t. VI, p. 265.

[2] Je n'ai pu découvrir une édition de 1684 qui a été parfois citée.

[3] *Traitez nouveaux et curieux du café, du thé et du
chocolate. Ouvrage également nécessaire aux médecins et à
tous ceux qui aiment leur santé.* Lyon, 1685, in-12.

[4] *Le bon usage du thé, du caffé et du chocolat pour la
préservation et pour la guérison des maladies. Par M. de
Blegny, Conseiller, Médecin artiste ordinaire du Roy et de
Monsieur, et préposé par ordre de sa Majesté à la recher-
che et vérification des nouvelles découvertes de médecine.*
Paris, 1687, in-12.

volatil. » Dufour n'en établit pas moins qu'il rend d'incontestables services :

Dans les maladies d'estomac, « il aide merveilleusement la coction qui s'y fait. »

Contre l'ivresse, car « il désenyvre sur le champ ceux qui ne sont pas yvres au dernier degré. »

Contre les vomissements ; car il « arreste ceux qui ne viennent que d'une humeur trop acide et trop corrosive. »

Contre celles des maladies spéciales aux femmes « qui dépendent du dérèglement de leur évacuation naturelle et ordinaire. »

Le café a encore la propriété :

De « tenir les reins ouverts. »

De « ranimer et entretenir la chaleur naturelle. »

De « déboucher tous les endroits par où il passe. »

D' « adoucir les levains des entrailles et d'en perfectionner les fermentations. »

De prévenir l'hydropisie, la gravelle et la goutte.

De guérir les hypocondriaques et les scorbutiques.

De soulager toutes les maladies des poumons.

De fortifier la voix.

De calmer les fièvres.

De dissiper les migraines.

De « maintenir les gens éveillés et d'empescher le sommeil. Il est certain qu'étant donné à l'heure du sommeil, non seulement il fait dormir, mais il rend le sommeil tranquille et paisible. Ce qui est assez surprenant qu'une même chose produise des effets si opposez. »

D' « amaigrir les gens qui sont gras et engraisser ceux qui sont maigres. »

Certaines personnes ont osé avancer qu' « il énerve les hommes et les rend inhabiles à la génération. » C'est là une odieuse calomnie répandue par un certain Olearius[1], qui n'a « jamais bien connu cette graine. »

Toute longue qu'elle est, l'énumération qui précède a encore besoin d'être complétée, et Blegny s'en est chargé. L'assidue pratique de son art lui avait révélé que le café était souverain contre les maladies hystériques, la jaunisse, les tumeurs froides, les nodosités des jointures, les coliques bilieuses, les écrouelles, l'apoplexie, la paralysie, la léthargie, les po-

---

[1] Voy. ci-dessus, p. 29, et ci-dessous, p. 77.

lypes du cœur, les abcès intérieurs, les sup-
pressions d'urine, le vertigo et les maux de
dents.

Comment s'obtenait cette merveilleuse panacée? Nous possédons à cet égard les renseignements les plus précis. On mettait le café
dans une poêle ou une terrine que l'on plaçait
sur un feu vif, en ayant soin de remuer les
grains sans cesse, afin qu'ils fussent partout
grillés bien également. Ce résultat obtenu, il
fallait piler le grain fort menu. Si l'on ne voulait répéter l'opération chaque jour, on con-
servait la poudre ainsi obtenue dans un sac de
cuir graissé ou ciré en dehors, dont on serrait
bien le col, et que l'on ouvrait seulement
pour y puiser la quantité nécessaire. Vers
1685, l'on inventa le brûloir actuel, dont
on trouve le dessin dans l'ouvrage de S. Dufour [1], et même notre petit moulin; mais ce
dernier laissait encore fort à désirer. Le réci-
pient destiné à contenir les grains et au milieu
duquel se meut la tige de fer n'était point
fermé. Le tiroir fixé au-dessous de l'instrument n'existait pas non plus : à mesure que la
poudre se produisait, elle était reçue soit dans

[1] Frontispice. Voy. ci-dessus, p. 19.

une assiette, soit dans une bourse de cuir
attachée sous le moulin [1]. Enfin, un peu plus
tard, on substitua au sac graissé dont j'ai
parlé des boîtes de plomb fermant avec des
vis.

Le grain une fois rôti, pulvérisé et passé
par le tamis, on le versait dans un vase ou
une cafetière pleins d'eau bouillante; la proportion était de deux cuillerées de café pour
une pinte d'eau, ou d'une once pour une chopine [2]. La cafetière, retirée du feu chaque
fois que le liquide montait, y était replacée
de manière à obtenir dix ou douze bouillons.
On laissait ensuite reposer, on tirait à clair
et l'on pouvait servir [3]. Ce mode de préparation ne reçut aucun perfectionnement jusque
vers 1760; l'on proposa alors de remplacer la
décoction par une infusion, suivant le procédé
actuel.

Quelques médecins prétendaient que le
café pris à jeun causait des ravages dans
l'estomac, et citaient comme preuve un pro-

[1] Voy. Blegny, p. 139.

[2] La pinte représentait environ un litre et la chopine un
demi-litre.

[3] Audiger, *La maison réglée* (1692), p. 265. — *Journal
œconomique*, année 1756, p. 45.

verbe turc, où il est dit que si l'on n'a rien à
manger avant le café, il faut avaler un bouton
de sa veste ou s'abstenir d'en boire[1]. D'autres,
redoutant l'énergie du breuvage et n'en voulant pas priver leurs clients, conseillèrent de
faire bouillir, soit le grain sans l'écraser, soit
la cosse qui renferme le grain, en ayant soin
d'enlever celui-ci [2]. On obtenait ainsi une
sorte de tisane, qui était décorée du joli nom
de *café à la sultane.*

J'ai déjà dit que l'on corrigeait l'amertume
du café ordinaire en y ajoutant du sucre.
Dufour nous révèle que, de son temps, « les
voluptueux » mettaient au fond de leur tasse
quelques gouttes d'essence d'ambre, un peu
de sucre ambré ou tout autre des parfums
alors en vogue [3]. Mais les vrais amateurs dé-
daignaient ces détestables pratiques. « Le
café, dit le *Mercure galant,* doit estre pris,

[1] Pierre Pomet, le plus savant apothicaire du dix-septième siècle, écrit au contraire que le café, « pris le matin
à jeun avec un peu de sucre et bien à propos, est très
utile à la santé. » *Histoire générale des drogues.* 1694, in-
folio, p. 7.

[2] Procédé préconisé surtout par le docteur Andry, professeur à la Faculté de médecine et au Collège de France.
Voy. son *Traité des alimens de caresme,* 1713, 2 in-12,
t. II, p. 371.

[3] Page 62.

comme l'or potable, sans y rien mêler [1]. »

En 1686, le café en grains se vendait vingt-quatre sous la livre; le prix monta jusqu'à trente-cinq sous l'année suivante [2]. On ne débitait guère de café en poudre, et les industriels qui l'employaient avaient déjà commencé à le sophistiquer. Ils y mêlaient, et dans la proportion d'un tiers, des haricots, des pois, des fèves torréfiées, et même du pain brûlé [3].

Est-ce à ces habitudes de fraude qu'il faut attribuer le discrédit dans lequel le café parait être tombé en 1688? Madame de Sévigné écrit à sa fille le 1er novembre : « Le café est tout à fait disgracié; le chevalier croit qu'il l'échauffe, et qu'il met son sang en mouvement; et moi en même temps, bête de compagnie comme vous me connoissez, je n'en prends plus ; le riz prend la place [4]. » Huit jours après, la versatile marquise pense que le café pourrait bien retrouver faveur : « Je vous ai mandé que le café est tout à fait mal à notre Cour ; mais par la même raison, il pourra revenir en grâce. Pour moi, vous voyez bien que je n'y songe

[1] Numéro de mai 1696, p. 47.
[2] Blegny, p. 115 et 306.
[3] Dufour, p. 64, et Blegny, p. 116.
[4] Tome VIII, p. 234.

plus ; j'aurois·cependant tort de m'en plaindre,
jamais il ne m'en a donné aucun sujet [1]. »
Ceci n'importe guère, en vérité, et s'il vient à
être définitivement abandonné par la Cour,
son procès est jugé, il n'y faut plus revenir :
« Le café est disgrâcié ici, et par conséquent
je n'en prends plus : je trouvois pourtant qu'il
me faisoit de certains biens ; mais je n'y songe
plus [2]. » Madame de Grignan n'a pas été con-
vaincue ; elle a d'abord sacrifié le café, puisqu'il était proscrit par le beau monde, puis
elle y est revenue [3].

A la Cour même, bien des gens le regret-
taient. Un médecin eut l'idée d'y ajouter du
sucre et du lait, et sous cette forme il fut par-
donné, on le déclara excellent contre la toux :
« Nous avons ici de bon lait et de bonnes
vaches ; nous sommes en fantaisie de faire bien
écrémer de ce bon lait, et de le mêler avec du
sucre et de bon café : ma chère enfant, c'est
une très jolie chose, et dont je recevrai une
grande consolation ce carême. Du Bois [4]

---

[1] *Lettre* du 8 novembre 1688, t. VIII, p. 252.
[2] *Lettre* du 23 novembre 1688, t. VIII, p. 281.
[3] *Lettre* du 21 décembre 1689, t. IX, p. 365.
[4] Médecin « dont la capacité sur la santé est infinie. »
Lettre du 17 décembre 1688, t. VIII, p. 331.

l'approuve pour la poitrine, pour le rhume ;
et c'est, en un mot, ce *lait cafeté* ou ce *café
laité* de notre ami Aliot [1]. » Le *café laité* mérite tous les éloges : « Pourquoi, ma bonne,
dites-vous du mal de mon café au lait? C'est
que vous haïssez le lait; car sans cela vous
trouveriez que c'est la plus jolie chose du
monde. J'en prends le dimanche matin par
plaisir. Vous croyez en dire du mal, en disant
que cela est bon pour faire vivoter une pauvre
pulmonique : vraiment, c'est une grande
louange, et s'il fait vivoter une mourante, il
fera vivre fort agréablement une personne qui
se porte bien [2]. » Toutefois, ce breuvage si aimable le 19 février semble, dès le 26, exciter
moins d'admiration : « J'ai pris ce matin du
tripotage de café avec du lait; je n'en suis
point encore dégoûtée [3]. »

Ce lait cafeté qui, sous le nom de café au
lait, a fourni une si brillante carrière, ne fut
donc employé d'abord que comme médicament. Il avait été recommandé, en 1685, par
un sieur Monin, célèbre médecin de Grenoble,

[1] *Lettre* du 29 janvier 1690, t. IX, p. 435. — Aliot fut
médecin ordinaire du roi.
[2] *Lettre* du 19 février 1690, t. IX, p. 461.
[3] *Lettre* du 26 février 1690, t. IX, p. 475.

qui le faisait préparer ainsi. On mettait sur le feu « une bonne écuellée de lait ; » quand elle commençait à monter, on y jetait une cuillerée de café en poudre, une cuillerée de cassonade, et on laissait bouillir quelque temps. Après avoir absorbé ce breuvage, il fallait rester quatre heures sans manger ; mais à cette condition, ses effets étaient inappréciables. Le docteur Monin affirme qu'il ne se caillait pas dans l'estomac, n'opilait pas les entrailles, arrêtait la toux et engraissait le malade [1]. A Lausanne on l'ordonnait surtout contre la goutte.

[1] Dufour, p. 143.

CHAPITRE III

LE CAFÉ A PARIS DE 1690 A 1715.

L'usage du café se généralise. — Description d'un café en
1700. — Les cafés de province. — Les cafés littéraires.
Le café Laurent. — *Le caffé*, comédie de J.-B. Rousseau.
— Les femmes au café. — Les Arméniens. — Heure de
fermeture des cafés. — La bière devient à la mode. —
Plainte des amateurs du vin contre le café et la bière. —
Opinion de la Faculté de médecine sur les propriétés du
café. — Reproches qu'adresse au café le docteur Duncan.
— Produit-il l'impuissance chez l'homme et la stérilité
chez la femme? — Le café chez Fénelon. — Dangers que
présente l'usage du café. — La princesse Palatine. —
Pièces composées en l'honneur du café. — Les grottes
du Palais-Royal.

Tandis que les médecins continuaient à
discuter les propriétés thérapeutiques du café,
son usage se généralisait dans toutes les
classes de la société, et Procope voyait surgir
un peu partout de nombreux concurrents.
Une rarissime plaquette, imprimée en 1700 [1],

[1] *Le porte-feuille galant, ouvrage mêlé de prose et de
vers. Avec plusieurs questions sérieuses et galantes.* 15 juin
1700. *A Paris, de l'imprimerie de Jean. Moreau.* In-8°,
p. 3.

nous décrit ainsi le public fort mêlé qu'atti-
raient déjà ces « lieux de raffraichissement : »

Les caffez sont des lieux fréquentez par les honnestes gens de l'un et de l'autre sexe. On y voit
toutes sortes de caractères : des hommes galans, des
femmes coquettes, des abbez polis, d'autres qui ne
le sont pas, des guerriers, des nouvellistes, des officiers, des provinciaux, des étrangers, des plaideurs,
des beuveurs et des joüeurs de profession, des para-
sites, des aventuriers, des chevaliers de l'industrie,
des jeunes gens à bonne fortune, des vieilles amou-
reuses, des gascons et des faux-braves, des demi-
beaux esprits et des auteurs, et plusieurs autres
personnes dont les portraits différens pouroient se
multiplier à l'infini.

On se rend à ces lieux de raffraichissement au
retour de différens endroits. L'auteur Philinte et
l'abbé Damon se trouvèrent, une des dernières
festes, aux Pères de l'Oratoire. Ils y entendirent le
sermon d'un habile homme de cette célèbre con-
grégation... Au sortir de là, il fut question de
prendre l'air et de faire un tour de promenade ;
mais la pluye qui survint fit remettre cette partie
à un autre jour. Que devenir cependant, ces deux
amis n'étant point amoureux ny joüeurs? Il fallut
aller au caffé. C'est la chûte et l'assemblée aussi
où l'on s'engage à moins de dépense. Ils entrèrent
donc chez les Arméniens, où ils demandèrent des
liqueurs et des biscuits ; car peu de gens se bornent
à une prise de caffé, qui n'est souvent que le prétexte d'un plus grand excez.

Ces établissements se multiplièrent bientôt à tel point qu'il faut renoncer à les citer tous. En 1716, leur nombre était déjà d'environ trois cents. Pendant la durée de la foire Saint-Germain, où l'habitude du café avait pris naissance, plusieurs limonadiers ouvraient chaque année des salles luxueuses, et c'est là que l'on vit pour la première fois des chocolatières et des cafetières d'argent.

Les dames, écrit un auteur contemporain, ne font point de difficulté pendant la foire d'entrer dans ces lieux-là, où l'on trouve, outre le café, toute sorte de liqueurs, des confitures et plusieurs sortes de raffraîchissemens...

Quoique le nombre des cafés publics soit considérable à Paris, et qu'on y trouve toutes les commodités dont on a parlé, on n'en prend pas moins de café dans les maisons particulières, n'y en ayant presque point, depuis la bonne bourgeoisie jusqu'aux gens de la plus haute qualité, où l'usage ne soit établi d'en prendre le matin ou du moins immédiatement après le diné, et d'en présenter dans les visites familières que l'on reçoit. Sans parler d'un nombre infini de personnes accoutumées au café qui vivent dans des communautez ou qui sont d'un certain état à ne pouvoir paroistre avec bienséance dans les cafés publics.

Et à propos des gens de qualité, c'est parmi eux qu'a commencé l'usage des cabarets à café et qu'on voit enfin aujourd'hui tout ce que l'Orient peut

fournir de plus magnifique en ce genre ; en sorte
que l'or et l'argent que l'on y prodigue sont au-
dessous du prix des vases de porcelaine et des
ouvrages de la Chine dont on compose ces cabarets.

Cependant, ce grand usage du café, établi dans
la capitale du royaume, a esté suivi successivément
dans toutes les provinces, dont les premières villes
ont actuellement des cafés publics. C'est ce qui se
voit à Lyon, à Toulouse, à Bourdeaux, à Rennes,
à Rouen, à Dijon, etc., et sur tout dans les bonnes
villes de la Flandre françoise, sans compter tout le
café qui se consomme à la campagne, dans toutes
les bonnes maisons et ailleurs, et celui qui se consomme aussi dans les armées du Roy, de terre et
de mer [1].

Parmi les cafés de Paris qui recevaient une
clientèle littéraire, il faut donner une mention
spéciale à celui qu'avait fondé, vers 1690, un
sieur François Laurent. Il était situé à l'angle
de la rue Dauphine et de la rue Christine.
Laurent mourut en 1694 [2], mais sa veuve lui
succéda, assista aux disputes des gens de
lettres qui se réunissaient autour de ses tables,
et mourut en 1735. Voltaire cite plus d'une
fois le café Laurent où, dit-il, on rencontrait
Fontenelle, Houdard de la Motte, Danchet,

[1] De la Roque, p. 382.
[2] A. Jal, *Dictionnaire de biographie et d'histoire*,
p. 748.

l'abbé Alary, Boindin, Jean-Baptiste Rousseau et bien d'autres [1]. C'est là que Rousseau composa les fameux couplets qui furent récompensés, d'abord par une volée de coups de bâton, puis par un bannissement perpétuel. C'est là aussi, selon toute apparence, qu'il écrivit son premier ouvrage, publié en 1694 sous ce titre : LE CAFFÉ, COMÉDIE. Voltaire a raison de dire que cette « petite pièce d'un jeune homme sans aucune expérience, ni du monde, ni des lettres, ni du théâtre semblait n'annoncer aucun génie [2]. » Les personnages, fort maussades, qui y figurent sont :

MAD. JÉROSME, marchande de caffé [3].
LOUISON, sa fille.
DORANTE, amant de Louison.
Mᵣ JOBELIN, notaire.
LA SOURDIÈRE, amy de Mᵣ Jobelin.
LE CHEVALIER.
CORONIS, gascon.
L'ABBÉ.
CARONDAS, poëte.
LA FLÈCHE, valet de Dorante.
DEUX JOUEURS DE DAMES.

[1] *Vie de J.-B. Rousseau,* édit. Beuchot, t. XXXVII, p. 491.
[2] *Ibid.,* p. 484.
[3] L'Académie écrit *café* dans l'édition de son dictionnaire parue en cette même année 1694 ; mais on trouve *caffé* jusqu'à la Révolution. Voy. ci-dessous, p. 251.

4.

La mise en scène a le mérite de nous peindre l'aspect d'un café en 1694.

Le théâtre représente une salle de caffé où sont trois tables. Le poëte rêve d'un costé auprès des joüeurs de dames. L'abbé dort dans le fond, et de l'autre costé Coronis et La Sourdière disputent ensemble.

Que l'on composât des vers dans ce milieu, cela nous est prouvé dès la première scène. La Sourdière et le Gascon Coronis discutent une question politique; il s'agit de savoir si, oui ou non, la Turquie va attaquer Belgrade. Le poète Carondas les interrompt en ces termes :

CARONDAS.

Ah! morbleu! que la peste soit de vostre babil! Est-il possible qu'on ne puisse faire icy quatre vers en repos, et que les plus belles pensées du monde y seront sans cesse immolées à la pétulante loquacité du premier importun?

CORONIS.

Quoy! vous faites des vers au caffé. Voilà un fort plaisant Parnasse!

CARONDAS.

Je rêvois à l'épithalame de monsieur Jobelin, le notaire, et de la fille du logis. Ils attendent qu'elle soit faite pour se marier, et j'ay bien voulu y donner un de ces quarts d'heure précieux que j'employe à chanter les loüanges des dieux et des héros.

A minuit, madame Jérôme prie ses hôtes de se retirer. Et pourquoi? Parce que, dit-elle, c'est l'heure où les femmes remplacent les hommes dans les cafés. Ce passage est curieux :

MAD. JÉROSME.

Messieurs, il est minuit sonné, faites moy la grâce de vous retirer.

LA SOURDIÈRE.

Volontiers.

LE CHEVALIER.

Attens, attens. Et par quelle raison nous retirer, madame Jérosme?

MAD. JÉROSME.

Par la raison, monsieur, que voicy l'heure que les femmes viennent icy, et que puisqu'elles ne viennent pas vous incommoder le jour, il est bien juste que vous leur laissiez la nuit : chacun le sien n'est pas trop.

LE CHEVALIER.

Vous estes pour les récréations nocturnes, madame Jérosme?

MAD. JÉROSME.

Oh vrayment, si on n'avoit d'autres rentes que

la dépense qui se fait icy de jour, et sans le casuel
de la nuit, on courroit risque d'avoir les dents bien
longues.

Vous estes cinq ou six qui, pourveu que vous
soyez toute une aprèsdînée icy à chanter des chansons, dire des fadaises, conter une histoire de celuy-
cy, une avanture de celle-là, et faire la cronique
scandaleuse du genre humain, ne vous embarrassez
pas du reste. Cependant ce n'est pas là mon compte,
et je ne dine pas de vos conversations. Vous voilà
trois, par exemple, qui me devez de l'argent depuis
longtemps, et qui ne parlez non plus de payer que
si vous estiez icy logez par étape.

Coronis.

Quant à moy, madame Jérosme, je vous dois, je
pense, trois écus, mais j'attens ma lettre de change.

Le chevalier.

Pour moy, je suis broüillé avec ma petite marchande de galon, et je ne sçaurois vous payer
qu'après la paix.

La Sourdière.

Et moy je vous proteste que le premier argent
que je gagneray aux trois dez sera pour vous.

Mad. Jérosme.

Voilà des dettes bien assurées[1].

[1] Scène XV.

Qu'étaient ces femmes qui, seules ou accompagnées, venaient après minuit faire la débauche chez madame Jérôme? L'auteur n'en dit rien.

Tout insignifiante que soit sa pièce, elle fit du bruit, et le café ne fut pas rendu responsable de l'ennui qui s'en dégageait. Voltaire [1] cite ces quatre vers, improvisés, dit-il, en sa présence par un jeune officier :

> Le café toujours nous réveille;
> Cher Rousseau, par quel triste effort
> Fais-tu qu'ici chacun sommeille?
> Le café chez toi seul endort.

La même idée inspira encore d'autres vers anonymes, que je trouve dans les *Anecdotes dramatiques* [2] :

> Le caffé d'un commun accord
> Reçoit enfin son passe-port.
> Avez-vous trop mangé la veille,
> Ou trop pris de jus de la treille,
> Au matin prenez-le un peu fort,
> Il chasse tout mauvais rapport,
> De l'esprit il meut le ressort,
> En un mot, on sçait qu'il réveille,
> Il ressusciteroit un mort.

[1] *Vie de J.-B. Rousseau,* p. 485.
[2] Par Clément (de Dijon) et l'abbé de la Porte, t. I, p. 165.

Et sur son sujet sans effort
Rousseau pouvoit charmer l'oreille,
Au lieu qu'à sa pièce on sommeille
Et que chez lui seul il endort.

Quoi qu'en dise madame Jérôme, les dames
n'attendaient pas toujours que les habitués
fussent partis pour s'installer au café. J'ai
donné plus haut deux citations où le contraire
semble établi. En outre, une gravure servant
de frontispice à un curieux ouvrage publié en
1702 par le chevalier de Mailly [1] nous montre
assis autour de la même table trois hommes,
dont un abbé, et deux femmes. A l'entrée de la
salle, deux tables sont occupées par des gens
dont les uns jouent aux cartes et les autres au
trictrac. Près de la porte, un garçon vêtu en
Arménien apporte des rafraîchissements.

On a vu déjà que les maitres de café et leurs
garçons étaient supposés Arméniens et que
tous en adoptaient le costume. Dans *La foire
Saint-Germain,* comédie de Dancourt jouée en
1696, un des principaux personnages est le
sieur « Lorange, marchand de caffé, vêtu en
Arménien. » Au cours de la scène V, il avoue à

---

[1] *Les entretiens des cafés de Paris et les différens qui y
surviennent,* par M. le C. de M***. 1702, in-18. Je repro-
duis cette gravure ci-contre.

mademoiselle Mousset, « marchande de robes de chambre, » qu'il est « Arménien naturalisé depuis trois semaines. »

Une autre pièce du théâtre de la Foire, *Arlequin défenseur du beau sexe,* nous prouve que l'usage tolérait parfaitement la présence des femmes dans les cafés. Les maris, dit Arlequin à Colombine, ne vivent guère avec leur femme : « Celui-là ne voit presque jamais la sienne; il loge, il mange, il couche dans un appartement séparé; à peine la rencontre-t-il une fois le mois chez Dautel ou chez Procope. »

Arlequin défenseur du beau sexe fut représenté en 1694[1]. A cette date, la plupart des cafés restaient ouverts pendant toute la nuit, et une lanterne éclairée brillait à leur porte. Une ordonnance de police du 16 février 1695 le constate, et nous révèle que ces boutiques servaient « de lieux d'assemblée et de retraite aux voleurs, filoux et autres gens malvivans et déréglez; ce qui se fait avec d'autant plus de facilité qu'elles sont désignées et distinguées des autres par des lanternes particulières sur la ruë, qu'on y allume tous

[1] Cette pièce se trouve dans le *Théâtre* de Gherardi, t. V, p. 270.

les soirs et qui leur servent de signal. »

En conséquence, le lieutenant général de
police veut que toutes les boutiques de limonadiers soient désormais fermées à cinq heures
du 1er novembre au 31 mars, et à neuf heures
du 1er avril au 31 octobre. Il « fait défense d'y
recevoir après lesdites heures aucunes personnes de l'un et de l'autre sexe, de quelque
âge et profession qu'elles puissent être. »
Quant aux propriétaires. « qui ont mis des
lanternes particulières sur la ruë au devant
de leurs maisons et boutiques, ils seront tenus
de les ôter dans les vingt-quatre heures [1]. »

Moins d'un mois après, l'heure de fermeture des cafés fut modifiée, et ainsi réglée :

En décembre et janvier......	6 heures.
En novembre, février et mars ..	7 —
D'avril à novembre........	10 —[2]

Enfin, le 20 octobre de la même année, la
police fit encore une légère concession, les
boutiques purent rester ouvertes jusqu'à sept
heures du 1er décembre au 31 mars, et jusqu'à
dix heures du 1er avril au 30 novembre [3].

[1] Delamarre, *Traité de la police*, t. III, p. 810.
[2] *Sentence de police du* 12 *mars* 1695. Dans Delamarre,
t. III, p. 810.
[3] Bibliothèque nationale, manuscrits, fonds français,
n° 21,668, 127e pièce.

Le café entrait de plus en plus dans les habitudes des Parisiens, bien qu'il rencontrât encore des adversaires et des détracteurs. Parmi ces derniers figurent en première ligne les amis de la dive bouteille. Ils voyaient avec indignation le jus de la vigne délaissé pour une boisson nouvelle, inconnue de nos pères et qui devait toute sa saveur au sucre que l'on y prodiguait. La bière aussi, jusque-là dédaignée, devenait à la mode. Les endroits où on la consommait retentissaient de symphonies destinées à distraire l'attention des buveurs, à leur faire oublier l'insignifiance de ce breuvage aquatique. Toutes ces critiques furent formulées en 1711, dans une plaquette rarissime, huit pages in-quarto qui ont pour titre : *Manifeste de Bacchus contre les caffez et les vendeurs de bière. Avec son ordonnance pour la réforme des mœurs et la conduite de ses sujets.*

Nous avons appris, y est-il dit, que la dépravation des goûts, jointe à mes ennemis, avoit inspiré à certains rêveurs le dessein de faire imprimer des chansons et libelles diffamatoires, qui tendent à saper mon empire par ses fondemens et à corrompre les bonnes coûtumes de mes sujets, en leur imprimant le mépris de ma liqueur pour faire régner en sa place une mixtion qu'ils nomment caffé, boisson nouvelle qui a pris ici naissance depuis quelques

années où elle étoit inconnue; boisson sans vertu,
qui emprunte sa saveur de la quantité de sucre
que l'on y mêle; boisson inventée et introduite
pour l'amusement des gens désœuvrez, pour servir
d'occasion et de lieu d'assemblée aux fades nouvellistes et y débiter leurs rêveries et leurs fausses
nouvelles.

La bière, breuvage aquatique, qui ne paroissoit
que deux mois de l'année et qui tiroit son mérite
de sa fraîcheur, veut aujourd'hui lutter contre le
vin. Son usage est plus grand et plus universel
qu'il n'a jamais été; et, quelque dégoûtante que
soit cette liqueur, elle s'est acquise quelque crédit
par le moyen de certaines symphonies discordantes,
qui amusent ceux qui la boivent, et qui servent à
faire oublier son mauvais goût à ceux qui y employent leur argent.

A la Faculté de médecine, les avis étaient
partagés. Une thèse, datée de 1697, recommande l'emploi du café au lait[1]. Une autre,
soutenue en 1715, démontre que le fréquent usage du café abrège la vie[2]. L'année
suivante, l'école admit que le café peut
favoriser les travaux de l'esprit[3]. Enfin, en

---

[1] *An potus caffé cum lacte salubrior ?*

[2] *An a frequentiori potu caffé vita brevior ?*

[3] *Litteratis-ne salubris caffé usus ?* La même thèse fut
soutenue, en avril 1741, par Joseph de Jussieu. — Voy.
Quæstiones medicæ in scholis Parisiensibus agitatæ, p. 68,
77 et 79; et Bibliothèque Mazarine, recueil coté A 15,456,
13ᵉ pièce. ,

mars 1718, un candidat démontra longuement
que l'usage du café ne prédispose pas à l'apoplexie [1].

Le médecin Daniel Duncan en condamnait
surtout l'abus qui, à l'entendre, présentait de
terribles dangers. Il « basanoit le teint; »
enflammait le foie et la rate; produisait des
dégoûts, des vomissements, des indigestions,
des coliques néphrétiques, occasionnait même
la pierre et le choléra-morbus; il avait brûlé
l'estomac de Colbert, « que la nécessité de
veiller forçoit à l'abus du café [2]. » Puis encore,
reproche que l'on ne cessait de lui adresser,
il pouvait devenir une cause d'impuissance
chez l'homme et de stérilité chez la femme [3].

Sur ce point, Duncan fut contredit par
Philippe Hecquet, doyen de la Faculté, plus
théologien que médecin, et adonné à une
extrême dévotion [4]. Hecquet admettait seulement que le café avait la précieuse vertu
d'apaiser le feu des passions, et d'être par

[1] *An a potu caffé frequentior apoplexia?* Bibliothèque
Mazarine, recueil coté A 11,264, 40ᵉ pièce.
[2] Page 113.
[3] *Avis salutaire à tout le monde contre l'abus des choses
chaudes et particulièrement du café, du chocolat et du thé.*
1705, in-12.
[4] Voy. *Variétés gastronomiques*, p. 153 et suiv.

conséquent d'un grand secours pour les hommes ayant fait vœu de chasteté :

Il faut convenir, écrivait-il, que le café passe pour un remède contre l'incontinence. Une lettre écrite de Malthe au cardinal Brancaccio portoit qu'il rabattoit le feu des passions et qu'il aidoit à la continence. Des personnes obligées de la garder par leur estat prétendent en avoir reçû de grands secours. On a même cru qu'il se voyoit moins de maladies honteuses à Paris depuis que le café y estoit en vogue, comme si depuis ce temps la débauche y estoit devenue moins fréquente. Fasse le ciel que cette observation se confirme! Mais cela supposé, le café en seroit-il tant à blâmer? Car alors, il modéreroit cette passion, il la régleroit sans la détruire et la soumettroit sans l'éteindre. Il en resteroit donc assez dans les sexes pour ne se pas haïr, mais ils n'en auroient pas assez pour se passionner. La passion donc les uniroit moins que la raison, parce que le corps seroit assujéti et l'âme la maîtresse. Ainsi ce ne seroit plus une inclination honteuse qui engageroit les cœurs, l'amitié seule et l'estime en feroient les plus doux liens. Les mariages, par conséquent, deviendroient plus saints, les sociétez mieux assorties et les états plus heureux [1].

La princesse Palatine était de cet avis. Elle

[1] *Traité des dispenses du carême, dans lequel on découvre la fausseté des prétextes qu'on apporte pour les obtenir.* Édit. de 1709, p. 497.

écrivait, le 29 février 1706 : « Le café n'est pas aussi nécessaire aux ministres protestants qu'aux prêtres catholiques, qui ne peuvent se marier, car il rend chaste[1]. » Présenté ainsi. il devenait un breuvage ecclésiastique par excellence, et il ne faut pas s'étonner que les prélats se fissent gloire d'en offrir à leurs hôtes. L'abbé Le Dieu, invité à dîner chez Fénelon, alors archevêque de Cambrai, déclare que la table était à l'ordinaire « servie magnifiquement. » Pour donner une idée de cette magnificence il a soin de noter qu'après le repas « l'on apporta du café ; il y en eut pour tout le monde ; M. de Cambray eut l'attention de m'en faire donner, avec une serviette blanche[2]. »

En Espagne, on lui attribuait une action bienfaisante sur les maux d'estomac, et la princesse des Ursins en conseillait l'emploi à madame de Maintenon. Elle lui mandait de Madrid, le 17 mars 1706 : « Je ne puis m'empêcher de vous proposer l'usage du café pour votre estomac, quoique je sois sûre de me brouiller avec M. Fagon. Je suis persuadée que presque tous les maux viennent de mauvaises digestions, et je sais par expérience

[1] *Correspondance*, édit. G. Brunet, t. I, p. 83.
[2] *Mémoires et journal* de l'abbé Le Dieu, t. III, p. 160.

qu'il n'y a pas un meilleur remède que le café pour bien digérer. Depuis que j'en prends, ma santé est en bien meilleur état, et je fais le carême sans peine [1]. »

J'ai expliqué plus haut ce que l'on entendait par *café à la sultane*. Cette préparation avait eu pour inventeur le docteur Andry, collègue de Hecquet à la Faculté. Dans son *Traité des alimens de caresme*, il célébra les vertus de cette insignifiante tisane, et condamna le café obtenu par les procédés ordinaires. Son abus, disait-il, suffit « pour ruiner le tempérament le plus robuste, aussi remarque-t-on que ceux qui en font excès jouissent rarement d'une santé parfaite [2]. » Conclusion regardée par beaucoup de gens comme beaucoup trop modérée. Saint-Simon raconte que M. de Montberon, gouverneur de Flandre, « se tua par l'usage du café, » et il ajoute bravement : « il lui en vint à la fin un cancer à la main, dont il mourut [3]. » Le docteur Bourdelin, premier médecin de la duchesse de Bourgogne, n'osait pas nier les ravages exercés sur l'éco-

---

[1] *Lettres inédites de Mme de Maintenon et de Mme la princesse des Ursins*, t. III, p. 274.

[2] Paris, 1713, in-12, t. II, p. 369.

[3] Voy. le *Journal* de Dangeau, 6 février 1708, t. XII, p. 52.

nomie par cet abominable breuvage, mais il
en avait pris son parti : « Il se flatta longtemps,
dit Fontenelle, d'être désespéré, afin d'en
pouvoir user tant qu'il vouloit[1]. »

De son côté, la princesse Palatine écrivait à
sa sœur le 5 février 1711 : « Je regrette d'apprendre que vous vous êtes habituée au café ;
rien au monde n'est plus malsain. Je vois tous
les jours des gens qui ont été forcés d'y renoncer, à cause des grandes maladies qu'il a cau-
sées. La princesse de Hanau, fille du duc
Christian de Birkenfeld, en est morte après
d'horribles souffrances : on a trouvé après sa
mort que le café avait causé dans son estomac
une centaine de petits ulcères. Que cela vous
serve de leçon[2]. » Sur ce point, la maussade
Allemande ne varia jamais, ne laissa jamais
échapper aucune occasion de témoigner son
aversion pour les poisons à la mode. Elle écrit
le 8 décembre 1712 : « Je ne peux souffrir ni
le thé, ni le café, ni le chocolat ; ce qui me
ferait plaisir, ce serait une bonne soupe à la
bière, mais c'est ce qu'on ne peut se procurer
ici : la bière en France ne vaut rien[3]. » Le

---

[1] *Eloges*, t. III, p. 152.
[2] Tome I, p. 128.
Tome I, p. 135.

22 novembre 1714 : « Je ne peux supporter le
café, le chocolat et le thé, et je ne puis com-
prendre qu'on en fasse ses délices; un bon
plat de choucroute et des saucissons fumés
sont, selon moi, un régal digne d'un roi, et
auquel rien n'est préférable : une soupe aux
choux et au lard fait bien mieux mon affaire
que toutes les délicatesses dont on raffolle
ici [1]. » Le 26 février 1716 : « Je déjeûne rare-
rement, et si je le fais, je ne prends qu'une
tartine au beurre. Je ne puis souffrir toutes
les drogues étrangères; je ne prends ni chocolat, ni thé, ni café; tout cela m'est contraire.
Je suis en tout de la souche allemande; je ne
trouve, en fait de manger et de boire, rien de
bon que ce qui est de la vieille souche [2]. »

Les Parisiens, qui se souciaient peu des
vieilles souches allemandes, en étaient arrivés
à se prendre de passion pour le café [3]. Les littérateurs surtout en faisaient leur breuvage
favori, et les poètes célébraient à l'envi, en

---

[1] Tome I, p. 153.

[2] Tome I, p. 219.

[3] Le commissaire Delamarre écrivait en 1719 : « Le
nombre des boutiques de caffé à Paris a tellement augmenté
et cette boisson est devenue si ordinaire, que les lieux où
l'on prépare et vend toutes les autres liqueurs s'appellent
caffez. » *Traité de la police,* t. III, p. 797.

vers latins ou français, l'heureuse influence qu'il
exerçait sur le cerveau.

En 1711, l'on s'occupa beaucoup d'une
chanson composée à la louange du café et que le
Mercure galant avait publiée dans son numéro
de février [1]. Elle a pour titre : CHANSON SUR LE
CAFFÉ. *Sur l'air du Noël des bourgeois de Chas-
tres* [2] *et de Monthléry.* Cette pièce est trop médiocre pour qu'on doive la reproduire en entier.
Je donnerai donc seulement les quatre derniers couplets :

> Philis sans ce breuvage
> Auroit à son réveil
> Quelque vapeur sauvage
> Et le teint moins vermeil.
> S'il oste le sommeil
> A quelque femme éthique,
> En récompense il a, la la,
> Pour la grasse dondon, don don,
> Vertu soporifique.

> A l'esprit imbécile
> Caffé sert de second ;
> L'autheur le plus stérile
> Par luy devient fécond.
> Par la vertu qu'il a,

[1] Page 195.
[2] D'Arpajon

Redoublant de mémoire,
Un pédant citera, la la,
Sans rime et sans raison, don don,
Et la fable et l'histoire.

Par le caffé j'évite
L'ennuyeux compliment.
Vient-il une visite,
J'en offre promptement.
Un sot en le humant
Brille par son silence :
Un mot par cy par là, la la,
Qu'il dit d'un certain ton, don don,
Luy tient lieu d'éloquence.

Sur cette liqueur noire,
La cafetière en main,
Je pourrois à sa gloire
Chanter jusqu'à demain.
Peut-estre au mois prochain,
Selon la réüssite,
Des couplets que voilà, la la,
Et sur le mesme ton, don don,
Je donneray la suite.

La suite promise parut presque aussitôt, et
fut publiée en quatre pages in-quarto, imprimées sur deux colonnes[1]. Attribuée au P. Gui-

---

[1] L'approbation du lieutenant général de police fut accor-
dée le 15 février 1711, et la permission d'imprimer, « avec
défenses de colporter et de chanter dans les rues, » est
datée du 2 mars.

bert, de l'Oratoire, elle est destinée au même
air que la précédente et a pour titre : *Chanson
sur l'usage du caffé, sur ses propriétez et sur la
manière de le bien préparer.* Elle débute donc
par l'

ÉLOGE DU CAFFÉ

Si vous voulez sans peine
Vivre en bonne santé,
Sept jours de la semaine
Prenez de bon caffé.
Il vous préservera de toute maladie,
Sa vertu chassera, la la,
Migraine et fluxion, don don,
Rhume et mélancolie.

Sa force est sans égale
Contre les maux de cœur ;
La glande pinéale[1]
Y trouve sa vigueur.
Quand on y met du lait, il guérit la poitrine,
Au sang il donnera, la la,
Sa circulation, don don,
Dans toute la machine.

Ses petits corpuscules
Tiennent lieu de tabac,
Et mieux que les pilules
Confortent l'estomach.

---

[1] Le siège de l'âme, suivant Descartes.

Les peccantes humeurs par là sont adoucies,
 Et l'on ne sentira, la la,
 Nulle indigestion, don don,
 Nulles acrimonies.

 Son aimable fumée
 Est favorable aux yeux,
 Quand elle est respirée
 C'est un baume pour eux.
Ce doux fumet qui monte en forme de nuage
 Nous développera, la la,
 L'imagination, don don,
 Pour faire un bel ouvrage.

 De la philosophie
 Malbranche [1] le héros
 Avec cette ambroisie
 Ranime tous ses os.
Quand sa santé va mal, ce sublime génie
 Dans ce remède-là, la la,
 Sans consulter Purgon, don don,
 Va rechercher la vie.

 Il ouvre les idées
 Aux plus sçavans auteurs,
 Et fournit des pensées
 Aux grands prédicateurs.
Les fibres du cerveau par luy sont réveillées,
 Et la mémoire en a, la la,
 Les traces d'un sermon, don don,
 Beaucoup mieux imprimées.

---

[1] Malebranche était Oratorien.

Voulez-vous dans l'église
Ne rien perdre au sermon,
D'une éloquence exquise
Goûter l'expression?
Vous devez vous munir, surtout l'aprèsdinée,
De cette boisson-là, la la.
Votre application, don don,
Sera moins détournée.

Dès qu'un révérend Père
Pour prescher est entré,
Dans chaque monastère
Il luy faut du caffé :
On passe dans le tour le petit équipage.
Cette pratique-là, la la,
Sans opposition, don don,
Est partout en usage.

Veut-on à l'audience
Ne s'endormir jamais,
Veut-on avec aisance
Rapporter un procès,
Prononcer un discours, faire quelque lecture?
Usez pour tout celà, la la,
De l'utile boisson, don don,
Sa force est toûjours sûre.

Malgré la bonne chère,
Le convive est chagrin
Si votre caffetière
Ne finit le festin.
Dès qu'on la voit entrer, la joie est redoublée,
Chacun se dit voilà, la la,

De ce repas si bon, don don,
La feste couronnée.

Un ami vous visite,
Offrez-luy du caffé,
La dépense est petite,
Il se tient régalé.
Du goblet sortira quelqu'aimable nouvelle,
On politiquera, la la,
La conversation, don don,
En sera bien plus belle.

Si dans une reprise[1]
Quelqu'un perd son argent,
Donnez-luy quelque prise[2]
D'un caffé restaurant.
Il se consolera de sa perte sans peine,
Son chagrin tombera, la la,
Se noyant dans le fond, don don,
De votre porcelaine.

MANIÈRE DE FAIRE LE CAFFÉ

Le caffé gros et pasle
N'est jamais le meilleur,
Le petit est plus masle,
Il a de la verdeur.
Allez au Verd-Galant[3], il en a pleine tonne.

[1] Une reprise d'argent prêté.

[2] On appelait prise la quantité nécessaire pour obtenir une tasse. On disait de même une prise de thé. — Voy. ci-dessus, p. 62.

[3] Magasin célèbre, situé rue des Lombards et appartenant à un sieur Vilain.

Quoique ce marchand-là, la la,
Ait *Vilain* pour son nom, don don,
Sa marchandise est bonne.

Quand vous brûlez la fève,
Allez tout doucement,
N'en ôtez pas la sève
Par un feu trop ardent.
Sans cesse tournez-la dans votre casserolle,
Par ce mouvement-là, la la,
D'une bonne façon, don don,
Le caffé se rissolle.

Tout comme une aumelette
Estant bien retourné
Entre double serviette
Il doit estre étalé.
Sur ce lit de repos, il mitonne et s'épure.
Par cette sueur-là, la la,
Son opération, don don,
En sera bien plus sûre.

Quand vous en voudrez prendre,
Ayez un bon moulin,
Qui puisse vous le rendre
Broyé tout le plus fin.
N'allez pas éventer cette chère farine,
Mais d'abord jettez-là, la la,
Dans le premier boüillon, don don,
De l'eau qu'on luy destine.

Voulez-vous qu'il opère
En vous heureusement?

Dans votre caffetière
Mettez-en largement.
Pour chasser vos vapeurs, faites bonne mesure.
A quoy vous servira, la la,
La triste potion, don don,
D'un caffé de teinture?

Quand cette aimable prise
A trois fois boüillonné,
Et qu'à triple reprise
Le marc s'est élevé,
Laissez-la reposer sans nulle impatience,
Car qui la troublera, la la,
De son infusion [1], don don,
Perdra la récompense.

La main ferme et prudente
Doit seule le verser,
Et toute main tremblante
Ne doit point s'en mêler.
Inclinez bien le bec de votre caffetière,
Et rien n'en tombera, la la,
Qui ne soit pur et bon, don don,
Et propre à vous refaire.

Pendant qu'il se repose
Sur votre cabaret,
De la meilleure dose
Choisissez un goblet.
Je vous dis un goblet, et non tasse évasée,
La fumée en sera, la la,

---

[1] C'est là une décoction, non une infusion. Voy. p. 238.

Par sa réunion, don don,
Beaucoup mieux dirigée.

La liqueur préparée
Dégénère en fadeur
Quand elle est trop sucrée.
Elle perd sa vigueur.
La charger en sirop, c'est estre apoticaire,
Et son amertume a, la la,
Certaine impression, don don,
Qui vous est nécessaire.

De la liqueur fumante
Ménagez la chaleur,
Elle est moins agissante
Quand elle a moins d'ardeur.
N'attendez donc jamais qu'elle soit amortie.
Car cette boisson-là, la la,
Perd ce qu'elle a de bon, don don,
Quand elle est refroidie.

Prenez ce doux breuvage
Sans trop d'empressement,
Assis, en homme sage,
Humez-le lentement.
Sa respiration communique la vie,
Elle réveillera, la la,
Toute la région, don don,
D'une teste assoupie.

N'allez point, par ménage [1],
Faire un second caffé,

---

[1] Par économie.

Ce seroit un lavage ,
D'un mauvais ripopé.
Si vous voulez avoir les dents propres et pures,
Le marc les blanchira, la la,
Son application, don don,
En oste les ordures.

La réponse parut au mois de juillet suivant, dans le *Journal de Verdun* [1]. On y trouve des extraits d'une chanson dirigée contre le café, et qui pourrait bien être du même auteur que la précédente. Au début, le poète se reprochait d'avoir vanté les charmes d'une liqueur si amère :

Quelle bizare verve
M'avoit donc échaufé?
En dépit de Minerve
J'ai chanté le caffé.
Les dieux ont rebuté cette boisson brûlante,
L'amertume qu'elle a, la la,
Ne peut que chez Pluton, don don,
Mériter qu'on la chante.

Mais le dernier couplet servait de correctif à toute la pièce, et l'auteur repentant s'écriait :

Il est de ce breuvage
Ainsi que des amours,

[1] *Journal historique sur les matières du temps.* Juillet 1711, t. XV, p. 215.

> Toujours on en dit rage,
> Et l'on en prend toujours.
> Tel voudroit les blâmer qui tout bas leur fait grâce :
> Pour vous prouver cela, la la,
> De ce caffé démon, don don,
> Je vais prendre une tasse.

L'Oratorien eut pour successeur un Jésuite, le P. Vanière, qui consacra au café trente vers de son fameux *Prædium rusticum*. Il lui reconnaît, entre autres mérites, celui de dissiper l'ivresse produite par le vin, et celui de donner à l'esprit plus de force et de clarté [1].

Le poète l'affirme, mais il ne le prouve guère, et l'on peut adresser le même reproche à Louis Fuzelier, l'un des plus féconds fournisseurs du théâtre de la Foire. Infidèle un jour à Thalie, il eut le tort de composer en l'honneur du café une cantate qui a été mise en musique par Nicolas Bernier [2], et dont voici les moins mauvais vers :

> Café, du jus de la bouteille
> Tu combats le fatal poison,
> Tu ravis au dieu de la treille
> Le bûveur que ton charme éveille,
> Et tu le rends à la raison.

[1] Liber XI, édit. de 1756, p. 218.
[2] Livre III de ses *Cantates françoises*.

Le sage, s'il s'amuse à boire,
Ne se livre qu'à tes douceurs,
Tu sers les filles de mémoire.
Qu'Appollon célèbre ta gloire,
La sienne accroît par tes faveurs.

Quand une habile main t'apprête
Quel plaisir est égal à celui que tu fais?
Ton odeur seulement te promet la conquête
Des mortels qui n'ont pas éprouvé tes attraits.

O toy, liqueur que j'aime,
Règne, coule en tous lieux,
Bannis le nectar même
De la table des dieux.

Fais sans cesse la guerre
Au jus séditieux.
Fais goûter à la terre
Le doux calme des cieux.

La plus célèbre de ces petites productions
est le poème écrit vers 1715 par l'académicien
Guillaume Massieu. Il est intitulé *Gulielmi
Massiæi caffeum* [1], et il a eu les honneurs de
plusieurs traductions françaises, tant en prose [2]

---

[1] *Poetarum ex academia gallica qui latine aut græce
scripserunt carmina.* Paris, 1738, in-12, p. 291. Publié, la
même année, dans les *Poemata didascalia*, t. I, p. 168.

[2] *Etrennes à tous les amateurs de café pour tous les
temps, ou Manuel de l'amateur de café.* 1790, in-8°, 2° partie, p. 78. — *Journal œconomique*, n° de juillet 1756,
p. 41.

qu'en vers. J'emprunte à une de ces versions
les huit premiers vers et les dix derniers [1] :

Il est un fruit divin, mûri sous d'autres cieux,
Dont le secours puissant manquait à nos aïeux,
Dont l'aimable liqueur sans trouble nous enivre,
Et qui de tous les maux sûrement nous délivre.
Amateurs délicats, épris de ce trésor,
Qui goûtez ces douceurs pour les goûter encore,
Dont jamais sa vertu n'a trompé l'espérance,
Écoutez! du café je chante la naissance.

. . . .

Arbre donné du ciel! bienfaiteur des humains!
Quel autre égalerait tes charmes souverains?
Pour toi, loin de nos bords, le navire intrépide
Va braver la tempête et l'écueil homicide.
Le merveilleux dictame aux épis odorants,
La céleste ambroisie aux parfums pénétrants
Le cèdent à toi seul! A ton heureux breuvage
La pâle maladie, en fuyant, rend hommage;
La santé t'accompagne, et les Ris et les Jeux
Folâtrent dans la coupe où tu verses tes feux!

Pour être à peu près complet, je dois encore
mentionner une petite pièce publiée en 1716
par le poète Limojon de Saint-Didier dans son
Voyage du Parnasse. En route, raconte-t-il,
deux des voyageurs s'écartèrent et gagnèrent

[1] *Notice sur l'abbé Massieu,* par M. Théry. Dans les
*Mémoires de l'Académie des sciences, arts et belles-lettres
de Caen,* année 1855, p. 258.

« le chemin du marais, qui est auprès de l'Hé-
licon. » Et il poursuit ainsi :

Crantor s'aperçut bien-tôt de notre sortie, il courut
après nous, et nous joignit comme nous allions
entrer dans une des grotes où l'on vend le café[1]. Il
nous arrêta par le bras et nous suplia auparavant
de vouloir écouter un poëme qu'il avoit composé
contre ceux qui fréquentent ces réduits. J'aurai du
moins, nous dit-il, la consolation d'avoir fait tout
mon possible pour vous détourner d'une si frivole
occupation. L'indolente oisiveté qu'on respire dans
ces endroits a un si grand charme pour les nouveaux poëtes, que lorsqu'ils ont une fois goûté ce
plaisir, ils ne peuvent plus s'en priver. C'est ce qui
les empêche d'étudier et qui les détourne de ces
profondes méditations sur les ouvrages des anciens,
qui est le véritable moyen d'avancer dans le métier
de la poësie. Il nous mena à quelques pas de là,
sous des platanes, où nous étant assis à l'ombre, il
nous déclama ce petit poëme :

[1] Allusion aux célèbres *grottes* du Palais-Royal. Je les
trouve ainsi mentionnées dans une description de ce quartier : « Les filles s'offrent comme un marchand offre sa
marchandise, et dès que le but de leur promenade est
atteint, elles emmènent chez elles leur proie, ou se font
conduire dans l'enceinte du Palais-Royal, dans des lieux qui
ont le nom de grottes, ce sont des salles sous terre où l'on
sert des soupers délicieux... « F. Cognel, *La vie parisienne
sous Louis XVI*, p. 16.

LE CAFÉ

POÈME

Le dieu qui sur son char nous luit du haut des cieux
Est le même Apollon qui règne dans ces lieux.
Il se plait, entouré des neuf sçavantes fées,
A remplir de son feu le sein de nos orphées,
A combler ce vallon des plus riches présens
Que répandent ailleurs ses regards bienfaisans.
Un jour il les fixa sur l'Arabie heureuse ;
On vit naitre soudain cette plante fameuse
Dont une double fève est l'admirable fruit.
De ses rares vertus l'Égytien instruit
Fait dessécher au feu la fève salutaire ;
Il la brise, il en forme une boisson amère,
Et buvant à longs traits la fumante liqueur,
Il éprouve l'effet de son pouvoir vainqueur.
Comme on voit tout à coup l'eau d'un léger nuage
Calmer l'air en courroux et dissiper l'orage,
De ce nouveau nectar la puissante vertu
Sçait relever l'esprit par l'étude abattu,
Réprimer les vapeurs qu'un sang impur envoye,
Rendre au cerveau le calme, au cœur porter la joye.

CHAPITRE IV

LES PLANTS DE CAFÉ A PARIS ET DANS LES COLONIES FRANÇAISES.

Comment le café voyageait de Moka à Alexandrie. — Les Hollandais cultivent le café dans leur colonie de Batavia. — Essais d'acclimatation à Amsterdam. — Plants hollandais transportés en France. — Le bourgmestre d'Amsterdam envoie un caféier à Louis XIV. — Conservé dans une serre du Jardin des Plantes, il produit des fruits. — Première description scientifique du café. — Tentatives faites pour acclimater le café à la Martinique. — Dévouement du capitaine de Clieu. — Le café à la Martinique. — Hommages rendus à de Clieu. — Le café à Cayenne, à l'île Bourbon, à l'île de France, à la Guadeloupe.

S'il faut en croire le *Mercure galant*, les Parisiens comptaient parmi leurs habituelles préoccupations les incertitudes relatives à l'arrivage du café : « On a pour lui, écrit-il, le même empressement que pour le blé, et on craint d'en manquer comme de pain. Lorsqu'il devient rare et cher, les nouvelles de sa rareté et de sa cherté sont des nouvelles affligeantes pour le public [1]. » Cette « reine des fèves » voyageait en souveraine et ne faisait pas de

[1] Numéro de mai 1696, p. 26.

longues traites. Récolté aux environs de Moka,
des barques transportaient le café à Djeddah,
port situé près de La Mecque. Arrivé là, il
était chargé sur des vaisseaux, et déposé à
Suez, où le prenaient des caravanes qui faisaient route pour Alexandrie, dépôt central
dans lequel l'Europe venait s'approvisionner [1].

Les Hollandais réussirent les premiers à
s'affranchir du tribut que les peuples du Nord
payaient ainsi à l'Égypte. Leurs marins allè-
rent à Moka acheter des balles de café, qu'ils
importèrent directement à Amsterdam. On
tenta sans succès de l'y acclimater, des grains
mis en terre et surveillés avec soin ne levèrent
point. D'autres navires envoyés dans l'Yémen
parvinrent à ravir aux Arabes plusieurs plants
du précieux arbuste, et les transplantèrent
dans la colonie hollandaise de Batavia, où ils
réussirent si bien qu'en 1690 l'ile en était couverte. Quelques pieds, amenés avec mille
précautions à Amsterdam et placés en serre
chaude, donnèrent des graines, d'où naquirent
un certain nombre de rejetons qui furent con-
servés comme curiosités au jardin botanique
de la ville.

[1] Numéro de mai 1696, p. 25.

Un Français, amateur éclairé, M. de Resson,
lieutenant général de l'artillerie, se mit en
relations avec M. Paneras, bourgmestre d'Amsterdam, et obtint de lui un de ces plants. Il
en fit don au Jardin des Plantes ; mais l'arbrisseau était de mauvaise venue, semblait ne
devoir jamais produire ni fleurs ni fruits. Des
négociations furent alors entamées, au nom
du gouvernement, avec la municipalité d'Amsterdam, et en 1714 le bourgmestre envoyait
en France un plant jeune et vigoureux, mesur-
rant environ cinq pieds de hauteur. Présenté
à Louis XIV, alors au château de Marly, il fut,
le lendemain 29 juillet, transféré dans une
des serres du Jardin des Plantes. Le premier
médecin du roi l'avait accompagné, et il le
remit entre les mains de M. de Jussieu, qui
l'attendait entouré de nos plus savants bota-
nistes. Cinq semaines après, on voyait déjà sur
l'arbuste des boutons et même quelques fruits
presque mûrs [1]. M. de Jussieu avait suivi ses
progrès jour par jour ; il en fit une description
très complète, qu'il lut à l'Académie des
sciences le 4 mai 1715 [2].

[1] De la Roque, p. 399.
[2] Voy. les *Mémoires de l'Académie des sciences,* année
1713 (le volume parut en 1716), p. 291.

Ce petit arbre, objet d'une si vive sollicitude, devint la source de presque tous les caféiers aujourd'hui cultivés dans nos colonies de l'Atlantique. Quelques jeunes plants, issus de ses graines, furent confiés l'année suivante au docteur Isemberg qui partait pour la Martinique ; mais il mourut en arrivant, et cette tentative avorta. L'honneur du succès revint à un jeune officier nommé Gabriel-Mathieu de Clieu. Capitaine d'infanterie à la Martinique, des affaires personnelles l'appelèrent en France, et il eut l'idée de mettre ce voyage à profit pour naturaliser le café aux Antilles. La première difficulté était de se procurer un des plants cultivés à Paris. Les démarches entreprises dans cette intention restèrent longtemps infructueuses. « Enfin, écrivait plus tard de Clieu, la réussite couronna ma constance ; j'en eus l'obligation à M. de Chirac, premier médecin du roi, qui ne pût résister aux instances réitérées d'une dame de qualité dont j'employai le crédit auprès de lui [1]. »

---

[1] *Lettre de M. de Clieu, ancien capitaine de vaisseaux, ancien gouverneur de la Guadeloupe, grand croix de l'ordre royal et militaire de Saint-Louis.* Dans *L'année littéraire* de Fréron, année 1774, t. VI, p. 217.

6.

De Clieu s'embarqua à Nantes en 1723
avec son précieux arbuste. Il l'avait installé
dans une caisse recouverte par un châssis
vitré, de manière à absorber les rayons du
soleil et à conserver le calorique artificiel qui
devait au besoin les remplacer. La traversée
fut longue et accidentée. Au nombre des passagers se trouvait un misérable qui, jaloux de
la mission confiée au jeune officier, mit tout
en œuvre pour lui ravir la gloire du succès.
« Il est inutile, écrivait encore de Clieu, d'entrer dans le détail des soins infinis qu'il me
fallut donner à cette plante délicate pendant
une longue traversée, et de la peine que j'eus
à la sauver des mains d'un homme bassement
jaloux du bonheur que j'allois goûter d'être
utile à ma patrie, et qui n'ayant pu parvenir à
m'enlever ce pied de café, en arracha une
branche [1]. » Près de Madère, un corsaire tu-
nisien, contre lequel il fallut se défendre à
coups de canon, faillit s'emparer du navire.
Une violente tempête menaça ensuite de
l'anéantir. A ce danger en succéda un autre ;
un calme plat se produisit, clouant sur place
l'équipage, qui se vit bientôt menacé de man-

[1] *Ibid.*, p. 218.

quer d'eau potable [1]. On dut se réduire au
strict nécessaire, et de Clieu ne sauva son précieux dépôt qu'en partageant avec lui sa ration
de chaque jour. « L'eau, écrit-il, devenant
rare sur le vaisseau qui me portoit et n'étant
distribuée à chacun qu'avec mesure, je parta-
geai avec ma plante chérie le peu qu'on m'en
donna. » Généreux sacrifice, qui a illustré le
nom du capitaine de Clieu [2]. En effet, le café

---

[1] Voy. abbé Lecomte, *Le capitaine de Clieu ou le premier pied de café aux Antilles.* 1862, broch. in-8°.

[2] Esménard s'exprime ainsi dans son poème de *La navigation* :

> Rappelez-vous d'Esclieux. Sur son léger vaisseau
> Voyageait de Moka le timide arbrisseau ;
> Le flot tombe soudain, Zéphyr n'a plus d'haleines ;
> Sous les feux du Cancer l'eau pure des fontaines
> S'épuise, et du besoin l'inexorable loi
> Du peu qui reste encore a mesuré l'emploi.
> Chacun craint d'éprouver les tourmens de Tantale ;
> D'Esclieux seul les défie ; et d'une soif fatale
> Etouffant tous les jours la dévorante ardeur,
> Tandis qu'un ciel d'airain s'enflamme de splendeur,
> De l'humide élément qu'il refuse à sa vie
> Goutte à goutte il nourrit une plante chérie.
> L'aspect de son arbuste adoucit tous ses maux ;
> D'Esclieux rêve déjà l'ombre de ses rameaux,
> Et croit, en caressant la tige ranimée,
> Respirer en liqueur sa graine parfumée.
> Heureuse Martinique ! O bords hospitaliers !
> Dans un monde nouveau vous avez les premiers
> Recueilli, fécondé ce doux fruit de l'Asie
> Et dans un sol français mûri son ambrosie.
>
> (Chant VI, édit. de 1806, p. 342.)

trouva à la Martinique un sol favorable, et s'y multiplia avec rapidité.

Je fus à peine débarqué, dit de Clieu, que je plantai dans un terrain convenable et préparé cet arbuste précieux, qui m'étoit devenu encore plus cher par les dangers qu'il avoit courus et par les soins qu'il m'avoit coûtés. Au bout de dix-huit ou vingt mois, j'eus une récolte très abondante. Les fèves en furent distribuées aux maisons religieuses et à divers habitans qui connoissoient le prix de cette production et pressentoient combien elle devoit les enrichir. Elle s'étendit de proche en proche; je continuai à distribuer les fruits des jeunes plantes qui croissoient à l'ombre du père commun. La Guadeloupe et Saint-Domingue en furent bientôt elles-mêmes abondamment pourvues...

Ce qui fit ses progrès plus rapides à la Martinique, ce fut la mortalité qui avait frappé tous les cacaotiers sans exception, désastre que les uns attribuèrent à l'éruption du volcan de l'île, où il s'ouvrit alors une nouvelle bouche, les autres aux pluies abondantes et continuelles qui durèrent plus de deux mois. Quoi qu'il en soit, ce qu'on appelle les *Petits habitans,* au nombre de cinq à six mille, absolument dépourvus par là d'une denrée territoriale, presque la seule qu'ils eussent à échanger contre celles de France, ne trouvèrent de ressource que dans la culture du café, à laquelle ils se livrèrent exclusivement, avec un succès qui passa leurs espérances et qui répara bientôt leurs pertes. L'île se trouva couverte en trois ans d'autant de millions de caféiers qu'elle avait eu de cacaotiers[1].

De Clieu eut donc le rare bonheur de voir son œuvre en pleine prospérité, et il en reçut la juste récompense. Revenu en France, il fut présenté au roi, qui le nomma gouverneur de la Guadeloupe. Il venait d'être fait grand-croix de Saint-Louis quand il mourut à Paris, le 30 novembre 1774, âgé de quatre-vingt-huit ans. Son éloge reparut de nouveau dans toutes les bouches. La *Gazette de France*[2] et le *Mercure*[3] enregistrèrent son décès, honneur encore assez rare, et *L'année littéraire*, animée d'ailleurs des meilleures intentions, lui consacra une longue pièce de vers. L'auteur, qui a eu l'esprit de garder l'anonyme, déclarait ces vers « faciles et pleins de sensibilité, » et il ajoutait très bien : « Le plus bel apanage de la poësie et son premier devoir, j'ose le dire, sont de célébrer des hommes d'un si rare mérite, des bienfaiteurs de l'humanité, si ardens, si nobles, si purs. » La pièce commence ainsi :

[1] *L'année littéraire,* p. 219.
[2] Numéro du 5 décembre 1774, p. 432.
[3] *Mercure de France,* numéro de janvier 1775, p. 233.

C'en est donc fait, tu meurs, ô vieillard vénérable !
Insensible aux accens de nos tremblantes voix,
La barbare Atropos, ce monstre impitoyable
Qui frappe également les sujets et les Rois,
Vient d'ouvrir du tombeau le gouffre insatiable !
Je t'embrasse aujourd'hui pour la dernière fois !
Pour la dernière fois !... A ces mots je frissonne
Et l'ombre de la mort moi-même m'environne !
Quoi ! Je ne verrai plus ce mortel courageux
A qui la Grèce entière eût adressé des vœux !
Ce héros citoyen, au printemps de son âge,
Sur un frêle vaisseau tourmenté par l'orage
Osa, bravant les coups et d'Éole et des flots,
Porter au Nouveau-monde une plante chérie [1]
Qui donne à notre sang une nouvelle vie,
Ranime notre corps épuisé de travaux
Et fait circuler l'or au sein de la patrie.
Venez, rendez hommage à son intégrité,
O vous, riches colons, fortunés insulaires,
Vous qui perdez en lui le plus tendre des pères [2].

. . . .

Les fortunés insulaires de Saint-Domingue votèrent l'érection d'un monument destiné à perpétuer la mémoire de de Clieu. A ce moment, le premier pied de café, apporté par lui du Jardin des Plantes un demi-siècle auparavant, était encore plein de vie, derrière le treillage en fer qui l'entourait [3].

La culture du café à Cayenne datait de 1722. La Motte-Aigron, lieutenant de roi en Guyane,

[1] Én note : *Le café*.
[2] Année 1774, t. VIII, p. 270.
[3] Lecomte, p. 20.

ayant été envoyé dans la région du Surinam
où les Hollandais possédaient d'immenses
plantations de caféiers, apprit comment on y
cultivait cet arbuste et résolut de s'en procurer quelques pieds. L'entreprise présentait
des dangers, car l'exportation de tout plant
ou même de tout grain non débarrassé de son
germe par la cuisson [1] était punie de mort.
La Motte-Aigron gagna un Français, nommé
Mourgues, établi depuis longtemps dans le
pays, et obtint de lui une livre de fèves en
cosse et fraîchement cueillies. Mourgues le
suivit quand il regagna Cayenne; les graines
y furent semées, réussirent à merveille, et
peu d'années après, notre colonie possédait
plus de soixante mille caféiers [2].

La culture du café dans l'île Bourbon [3]
remonte également aux premières années du
dix-huitième siècle. Un vaisseau qui revenait
de Moka y avait apporté, comme curiosité,
une branche de caféier chargée de fleurs et de
fruits. Les habitants de Bourbon y reconnu-

---

[1] Les Hollandais avaient soin de passer les baies par
l'étuve, parfois même on les plongeait dans l'eau chaude.

[2] Voy. Labat, *Voyage du chevalier Desmarchais en Gui-
née et à Cayenne.* 1730, in-12, t. III, p. 228.

[3] Auj. île de la Réunion.

rent un arbrisseau très commun autour d'eux,
et dont ils ne soupçonnaient pas la valeur. Ils
s'empressèrent de le multiplier, de sorte qu'en
1776, on comptait dans l'île 8,493,583
caféiers.

L'île de France [1] n'en posséda que vers
1765. Un étrange préjugé avait fait jusque-là
regarder le sol de cette île comme impropre
à certaines cultures, et le café était du nombre [2].

En 1789, Saint-Domingue récoltait pour
environ 70 millions de café, la Martinique
pour 10 millions, et la Guadeloupe pour 7.
En 1855, la production du café dans le monde
entier s'élevait à 265 millions de kilogrammes ; les colonies françaises y sont comprises
pour un million et demi. Durant les années
1855 et 1856, la France a consommé environ
50 millions de kilogrammes de café ; l'Inde
anglaise en a fourni 10,900,000 ; le Brésil
et Haïti chacun 9,300,000 ; les Indes hollan-
daises 8,600,000, et les Antilles espagnoles
5,200,000 [3].

[1] Auj. île Maurice.

[2] *Année littéraire*, année 1773, t. VIII, p. 56.

[3] *Dictionnaire universel du commerce et de la navigation.*
Édit. de 1859, t. I, p. 455.

CHAPITRE V

LE THÉ.

I

L'usage du thé dans l'extrême Orient remonte-t-il à une haute antiquité? — Origine miraculeuse du thé, d'après les Japonais. — Les Chinois le regardent comme une panacée. — Soins apportés à sa culture. — L'existence du thé révélée à l'Europe : Relations de Louis Almeida, de P. Maffei, de M. Ricci, de J.-H. van Linschooten, de G. Bauhin, de J. Bontius, d'Al. de Rhodes, de J. Nieuhoff, de Jacques de Bourges. — Les Hollandais introduisent le thé en Europe. — Ils donnent en échange aux Chinois de la sauge et de la bourrache. — Éloge du thé par N. Tulpius. — Réponse de Simon Paulli. — Apologie du thé par Simon de Molinariis, par Nic. Pechlin, par Corneille Decker. — Le thé est introduit en Angleterre. — Consommation du thé par l'Europe en 1766.

L'usage du thé dans l'extrême Orient remonte-t-il à une haute antiquité? Cette question a soulevé des controverses plus variées qu'intéressantes. Simon Paulli, par exemple, affirme que le nom de cet arbuste ne figure pas dans les anciens livres chinois, et qu'il

ne fut point connu en Chine avant la conquête des Tartares, dont on peut fixer la date
entre 1220 et 1230 [1]. C'est aussi l'opinion de
Nicolas Trigault : « L'usage du thé, écrit-il,
ne peut pas estre du tout ancien entre les Chinois, car en leurs plus vieux volumes, il ne se
trouve aucun charactère hiérogliphique (tels
que sont presque toutes les lettres des Chinois) pour le signifier [2]. » E. Kœmpfer, qui
écrivait vers 1700, reconnaît aussi que le thé
« n'avoit pas de caractère propre dans la
langue japonaise savante ; » mais cela prouve
seulement qu'il n'existait pas de signe spécial
pour le désigner, car l'Orient connut de très
bonne heure le thé et ses vertus. Les Japonais,
ajoute-t-il, lui attribuent une origine surnatu-
relle. Ils croient que Darma, fils d'un roi des
Indes, aborda en Chine vers l'an 519 de l'ère
chrétienne, et qu'il entreprit de répandre dans
cet empire la connaissance du vrai Dieu. Il
s'imposait des privations et des mortifications
de tous genres, ne vivait que d'herbages, passait ses jours et ses nuits dans la contemplation

---

[1] *Simonis Paulli commentarius de abusu tabaci et herbæ
thec*, 1665 et 1708, in-4°, p. 710 et 734.

[2] *Histoire de l'expédition chrestienne en la Chine.* 1618,
in-8°, p. 24.

et la prière, sans jamais céder au sommeil.
Après plusieurs années de cette vie austère,
il lui arriva une nuit de s'endormir. Au réveil,
honteux de sa faiblesse, il se coupa les paupières et les jeta à terre. Un miracle se produisit aussitôt : de chacune des paupières
naquit un arbrisseau jusqu'alors ignoré.
Darma surpris en mangea quelques feuilles,
qui rendirent le calme à son esprit et la force
à ses membres. Il recommanda ce précieux
dictame, qui n'était autre que le thé, et révéla
ainsi au monde ses propriétés merveilleuses [1].
Elles devaient être d'autant plus appréciées
par les Chinois que l'usage du vin et même
de la bière leur était interdit [2], et qu'ils se
trouvaient réduits pour boisson habituelle à
l'eau saumâtre de leurs fleuves. L'addition
de quelques feuilles de thé la rendit plus
agréable et plus saine, et de là à regarder ces
feuilles comme une panacée, il n'y avait qu'un
pas.

[1] Engelbert Kæmpfer, *Histoire naturelle, civile et ecclésiastique du Japon, traduite en français par J.-G. Scheuch-
zer.* 1729, in-folio, t. II, appendice p. 3. — La figure
xxxix du tome Ier représente Darma et ses paupières.

[2] *Mémoires concernant l'histoire, les sciences, les arts et
les mœurs des Chinois, par les missionnaires de Pékin,*
t. IV, p. 323.

La feuille de thé, écrit le Père Duhalde, est bonne pour les tumeurs ou apostumes qui viennent à la tête et pour les maladies de la vessie. Elle dissipe la chaleur causée par les phlegmes ou les inflammations de la poitrine. Elle appaise la soif. Elle diminuë l'envie de dormir. Elle dilate et réjouit le cœur. — Ceci est tiré des livres de *Chin nong.*

Elle ouvre les obstructions. Elle aide à la digestion. Elle est fort bonne quand on y ajoute la graine de tchu yu, de l'oignon et du gingembre. — Ceci est tiré de *Sou cong.*

Elle est bonne contre les échauffaisons et chaleurs d'entrailles. Elle est amie des intestins, si l'on en croit *Tsang ki.*

Elle purifie le cerveau. Elle éclaircit les yeux. Elle est bonne contre les vents qu'on a dans le corps. Elle guérit la léthargie. — C'est *Hao cou* qui le dit.

Elle guérit les fièvres chaudes. En la faisant boüillir dans du vinaigre et en la donnant à boire au malade, elle guérit le cours de ventre, le tenesme, et on en voit de grands effets. — Ces recettes sont tirées de *Tchin tching.*

En faisant rôtir cette feuille, puis boüillir, on la donne à boire et elle guérit la gale qui vient d'une chaleur maligne, et le tenesme, tant celui où les excrémens sont teints de sang que celui où ils sont mêlez de matière blanche. — *Ou loui* a donné ces recettes.

Faisant boüillir cette feuille en quantité, elle fait sortir les vents qui sont dans le corps, et cra-

*Chinois cueillant les fueilles,
et buvant la liqueur de Thé*

Frontispice de l'ouvrage de Blegny, 1687, in-12.

cher les phlegmes qui sont attachez en dedans. —
Cette recette est de *Che tchin*[1].

On sait que les Chinois n'ajoutent jamais à
leur thé ni lait ni sucre [2], et l'on a cru pendant longtemps qu'ils gardaient pour eux les
meilleures qualités, qu'ils en interdisaient
l'exportation[3]. Ce qu'il y a de sûr, c'est que sa
culture est partout l'objet de très grands soins.
On multiplie les précautions autour des plants
réservés pour la maison impériale. Le terrain
où ils croissent est défendu par un fossé profond. Les allées qui séparent chaque massif
d'arbrisseaux sont nettoyées et ratissées sans
cesse. Pendant les trois semaines qui précè-
dent la récolte, les gens chargés de ce soin
s'abstiennent de poisson et de certaines viandes,
afin que leur haleine n'altère point le parfum
des feuilles. Ils doivent en outre prendre trois
fois par jour un grand bain, et encore ne tou-
chent-ils aux rameaux qu'avec les mains gan-
tées [4].

---

[1] Suivent vingt recettes très précieuses. J.-B. Duhalde,
Description géographique, historique, chronologique, etc.,
de l'empire de la Chine. 1736, in-4°, t. III, p. 590.
    [2] W.-C. Milne, *La vie réelle en Chine*. 1860, in-18, p. 75.
    [3] G.-T. Raynal, *Histoire philosophique des deux Indes*.
Édit. de 1781, t. III, p. 159.
    [4] Voy. E. Kæmpfer, p. 8, et Pierre Blancard, *Manuel du*

L'Europe n'entendit pas parler du thé avant
le milieu du seizième siècle. Le plus ancien
document où je l'aie vu mentionné est une
lettre adressée à ses supérieurs par le missionnaire jésuite Louis Almeida et datée du mois
de novembre 1565. Les Japonais, écrit-il, font
grand cas d'une herbe agréable au goût qu'ils
nomment *chia*, « suavem gustu, nomine
chia [1]. » Vingt-trois ans plus tard, le P. Maffei
publiait son *Histoire des Indes*, dans laquelle
deux passages sont consacrés au chia [2] :

La boisson des Japonois, y est-il dit, est un suc
tiré d'une herbe appelée *chia*, que l'on fait chauffer
pour boire et qui est extrêmement sain. Elle les
garantit des importunitez de la pituite, des pesan-
teurs de teste et des maux d'yeux; il les fait vivre
longues années presque sans aucune langueur [3]...

Les Japonois n'ont point encor l'usage de la vigne,
mais ils tirent une espèce de vin du ris. L'eau
presque brûlante meslée avec la poudre de *chia* fait

commerce des Indes orientales et de la Chine. 1806, in-folio,
p. 425.

[1] *Selectarum epistolarum ex India libri quatuor, Joanne-
Petro Maffeio interprete.* Florence, 1588, in-folio, lib. IV,
p. 425.

[2] *Joannes-Petri Maffeii, Bergomatis, historiarum Indi-
carum libri* xvi. 1588, in-folio, lib. VI, p. 109, et lib. XII,
p. 244.

[3] « Vitamque bene longam, sine ullo ferme languore tra-
ducunt. »

les délices de leur boisson. Ils sont soigneux de
l'avoir bien faite ; les plus apparens en font quelquefois de leurs propres mains, se donnent la peine
d'en ajuster les doses, et d'en faire eux-mesmes les
mélanges en faveur de leurs amis[1]. Ils ont mesme
certains endroits de leurs maisons destinez à cela
seulement. Il y a tousjours devant eux une espèce
de réchaut couvert dont ils présentent à boire à
leurs amis qui viennent ou qui s'en vont[2].

Le missionnaire Matteo Ricci, arrivé à Goa
en 1578, avait aussi parlé du thé dans une
relation manuscrite qui, retrouvée après sa
mort et renvoyée en Europe, fut publiée par
Nicolas Trigault. Il s'exprimait ainsi :

« Ce breuvage se boit ou plustost se hume tousjours
chaud, et par une certaine amertume tempérée n'est
pas désagréable à la bouche, ains vrayement salutaire
à beaucoup de choses si l'on en use souvent. Et n'y
a pas une excellence seule en ceste fueille, l'une a
coustume de surpasser l'autre ; et par ainsi, vous
en achepterez bien souvent la livre un escu d'or,
voire deux et trois si elle est tenuë pour la meilleure. La plus excellente se vend dix et le plus souvent douze escus d'or au Japon, où l'usage d'icelle

[1] « Principes interdum viri suis manibus eidem tempe-
randæ ac miscendæ, amicorum honoris causa, dant ope-
ram. »
[2] *Histoire des Indes orientales et occidentales du R. P.
Jean Maffée, traduite de latin en françois par M. de Pure.*
Paris, 1665, in-4°, 1re partie, p. 230, et 2e partie, p. 137.

est aussi quelque peu différent de celuy de la Chine.
Car les Japonois meslent ces fueilles réduites en
poudre dedans une coupe pleine d'eau boüillante,
à la quantité de deux ou trois cueillerées, et aval-
lent telle potion ainsi mixtionnée. Mais les Chinois
jettent quelques-unes de ces fueilles en un vaisseau
d'eau boüillante, puis quand elle a imbu la force
et vertu d'icelles, ils la boivent toute chaude et
laissent les fueilles [1].

Il faut citer aussi le voyageur hollandais
Jean-Hugues van Linschooten, qui publia en
1591 le récit de ses voyages aux Indes orientales. Il n'y mentionne toutefois qu'en passant
la poudre de thé, qu'il appelle *chaa* [2]. On
la conserve, dit-il, dans des vases très précieux, et l'on en obtient un breuvage de grand
prix [3].

Trente ans après, l'Europe n'en savait pas
plus long sur le thé. Gaspard Bauhin, qui le
fait figurer en 1623 dans son Πίναξ [4], le classe
parmi les fenouils, et se borne à emprunter

---

[1] Liv. I, chap. III, p. 25.

[2] « Pulvis herbæ *chaa* dictæ. »

[3] Le livre de van Linschooten est écrit en hollandais. Il
fut traduit en latin, dès 1599, sous ce titre : *Joannis-Hugo-
nis Lintscotani navigatio in Orientem.* In-folio. Voy. cap.
xxviii, p. 67.

[4] Πίναξ *theatri botanici Caspari Bauhini.* 1623, in-4°,
lib. IV, sect. iv, p. 147.

D'après l'ouvrage de Jean Nieuhoff.

au livre de J.-H. van Linschooten le passage
que je viens de citer.

Jacques Bontius, dans son ouvrage sur la
médecine des Indiens, publié en 1642, apprit
au monde savant que le thé est une petite
herbe [1], dont les feuilles dentelées ressemblent
à celles de la consoude [2].

Un missionnaire français nommé Alexandre
de Rhodes, qui passa près de trente années en
extrême Orient, n'oublia pas le thé dans la
relation de ses *Voyages et missions* [3] : « L'une
des choses, écrit-il, qui contribuent, à mon
advis, le plus à la grande santé de ces peuples
qui arrivent souvent à la dernière vieillesse,
est le tay, dont l'usage est fort commun en
tout l'Orient [4]. »

Les Hollandais ayant envoyé une ambassade
en Chine, on adjoignit comme maitre d'hôtel
à la mission l'Allemand Jean Nieuhoff, qui
publia en 1665 une relation de son voyage.
Suivant lui, le thé « a cette faculté d'empescher la goutte et la gravelle. Si on en prend

---

[1] « Herbula. »
[2] *De medicina Indiorum*. Leyde, 1642, in-18, dialogue
VI, p. 95.
[3] Paris, 1653, in-4°.
[4] Page 49.

après le repas, elle oste toutes les indigestions
et crudités d'estomach ; surtout elle aide et
facilite la digestion. Bien plus, elle desenyvre
et donne de nouvelles forces aux yvrognes
pour recommencer à boire [1]. »

Un missionnaire, Jacques de Bourges,
raconta à son tour, en 1666, que les Siamois
avaient une passion pour le thé, qu'ils le prenaient très chaud avec un peu de sucre, et
qu'ils lui attribuaient de rares vertus [2].

Les voyageurs et les marchands occiden-
taux contractaient vite en Orient l'habitude
du thé [3]. Les Hollandais, à qui quelques ports
de la Chine et du Japon étaient ouverts, sup-
posèrent donc qu'une plante douée de si
admirables propriétés pourrait avoir quelque
succès en Europe, et ils eurent l'idée de l'y
introduire. Mais l'Occident possédait aussi

[1] *L'ambassade de la compagnie orientale des provinces
unies vers l'empereur de la Chine... Le tout recueilli par
Jean Nieuhoff, maistre d'hostel de l'ambassade, et mis en
françois par Jean Le Carpentier.* Leyde, 1665, in-folio,
2e partie, p. 75.

[2] *Relation du voyage de Mgr l'évêque de Béryte, vicaire
apostolique du royaume de la Cochinchine.* Paris, 1666,
in-8°, p. 155.

[3] Voy. *Voyages célèbres et remarquables faits de Perse
aux Indes orientales par le sieur Jean-Albert de Mandelslo;
traduits de l'original par le sieur A. de Wicquefort.* Amsterdam, 1727, in-folio, t. I, p. 46.

une herbe précieuse, inconnue des Chinois et à laquelle d'antiques traditions attribuaient la plupart des vertus dont la nature avait doué le thé. C'était la sauge. « Homme, pourquoi meurs-tu, disait l'école de Salerne [1], lorsque dans tes jardins croît la sauge ? C'est que contre la mort tout remède est impuissant [2].» En réalité, le nom latin de la sauge, *salvia*, issu peut-être du verbe *salvare*, sauver, avait surtout contribué à faire d'elle une panacée, à lui mériter le titre d'*herba divina*. Les Hollandais s'en doutaient bien un peu. Mais, en bons commerçants, ils démontrèrent aux Chinois que la sauge était très supérieure à leur thé, offrirent pourtant de conclure des échanges, sous condition qu'ils recevraient trois livres de thé pour une livre de sauge. Vrai est aussi qu'ils y ajoutaient, par-dessus le marché, quelques balles de l'excellente bourrache, si propre à exciter la gaieté et à calmer les maux d'estomac [3]. De Macao et

[1] Au onzième siècle.

[2]   Cur moriatur homo, cui salvia crescit in horto ?
      Contra vim mortis non est medicamen in hortis !
                  (De simplicium virtutibus.)

[3]   O borrago bona! tam dulcia sunt tua dona !
      Dicit borrago : gaudia semper ago.
      Cardiacum aufert borrago, gaudia confert.
                  (De herbis edulibus.)

de Yeddo partirent pour l'Europe des char-
gements de thé, que les Hollandais présen-
tèrent comme une marchandise recherchée
et rare, même en Orient, et qu'ils mirent en
vente à très haut prix [1].

Les Chinois se lassèrent vite de la sauge et
même de la bourrache. Chez les Hollandais,
au contraire, le thé reçut l'accueil qu'il mé-
ritait, et de savants écrivains célébrèrent ses
vertus avec une ardeur où l'on pouvait sans
injustice relever un peu d'exagération. Quelques esprits chagrins ont été plus loin ; ils ont
prétendu que l'enthousiasme pour ce nouveau
breuvage ne se produisant pas aussi vite que
certains marchands l'avaient espéré, ceux-ci
payèrent les éloges destinés à assurer le débit
de leurs cargaisons. Et de fait, le médecin
Nicolas Dirx qui, le premier, vanta à ses compatriotes les admirables propriétés de l'arbuste
chinois, était le fils d'un riche négociant
d'Amsterdam. Il publia une apologie du thé [2],
point sous son vrai nom, mais sous le pseudo-
nyme de Tulpius, formé du mot hollandais
tulp, qui signifie tulipe.

---

[1] Th. Dufour, p. 242.
[2] *Nicolai Tulpii Amstelredamensis observationes medicæ,*
lib. IV, cap. LX.

Rien, dit-il, n'est comparable à cette plante. Ceux qui en usent sont, par cela seul, exempts de toutes les maladies et parviennent à une extrême vieillesse[1]. Non seulement elle procure à leurs corps une grande vigueur, mais elle les préserve de la gravelle et de la pierre, des migraines, des rhumes, des ophtalmies, des catarrhes, de l'asthme, des paresses d'estomac et des maux d'intestins. Elle a encore le mérite d'écarter le sommeil et de faciliter les veilles, ce qui la rend d'un grand secours pour les personnes désireuses d'employer leurs nuits à écrire ou à méditer[2]. Aussi, tous les ustensiles destinés à la préparation du thé sont-ils l'objet d'un luxe extrême, et les Chinois y attachent autant de prix que nous en attribuons aux diamants, aux pierres précieuses et aux perles[3].

Ce panégyrique ne resta pas sans réponse, et devint l'origine d'une diatribe aussi exagérée que l'avait été l'éloge. Elle eut pour auteur Simon Paulli, premier médecin de Frédéric III, roi de Danemark. Paulli cherchait d'abord à établir que le thé n'était qu'une espèce de myrte répandu dans le monde entier. Quant

---

[1] « Nihil hac herba salubrius, cum ad vitam in extremam senectutem prorogandam, tum ad impedienda quæcumque sanitatis incommoda. »

[2] « ... ut nihil impedimenti offeratur illis qui scribendo aut meditando satagunt noctes transigere. »

[3] « Neque minori habent loco quam apud nos adamantes; gemmas ac baccata summi pretii monilia. »

aux vertus qu'on lui prêtait, on peut admettre,
disait-il, qu'il les possède en Orient, mais il
les perd dans nos climats, où il devient au
contraire d'un emploi très dangereux; il
avance la mort de ceux qui en usent, surtout
lorsqu'ils ont passé quarante ans [1].

Un Génois, Simon de Molinariis, prit alors
fait et cause pour l'arbuste calomnié, et lui
décerna le titre d'*ambrosia asiatica*[2]. Mais c'est
surtout aux Hollandais, directement attaqués
par Simon Paulli dans la personne de Nicolas
Dirx, qu'il appartenait de défendre le thé.

Ils n'y manquèrent pas.

Le médecin Jean-Nicolas Pechlin, de Leyde,
démontra que le thé n'appartenait ni à la
famille des fenouils ni à celle des myrtes,
soutint qu'il était d'une efficacité évidente dans
les maladies scorbutiques et dans celles des
intestins. Il nous apprend que, de son temps,
quelques personnes y mêlaient du bouillon, et
il s'élève contre cette coutume barbare. Il
blâme même l'addition du lait [3].

---

[1] *Commentarius de abusu*, etc.

[2] *Ambrosia asiatica, seu de virtutibus et usu herbæ thé
sive cia, necnon de modo adhibendæ et preparandæ ejus
potionis juxta regulas bene medendi.* Gênes, 1672, in-12.

[3] *Theophilus Bibaculus, seu de potu herbæ theæ.* Leyde,
1648, in-4°.

Mais de tous les apologistes du thé, le plus ardent fut le docteur Corneille Decker, connu sous le nom de Bontekoë. Celui-là poussait la passion du thé jusqu'à la folie. Dans le livre qu'il lui a consacré, il étudie successivement sa bienfaisante action sur la bouche, sur l'estomac, sur les intestins, sur le sang, sur le cerveau, etc., enfin sur la plupart des maladies. Contre la fièvre, par exemple, il en ordonnait quarante ou cinquante tasses en vingt-quatre heures [1]. Voici, d'ailleurs, quelle est sa conclusion :

Nous recommandons particulièrement l'usage du thé à toutes sortes de personnes de l'un et de l'autre sexe, jeunes et vieux, à toute notre nation, à tous les autres peuples, et nous leur conseillons d'en boire tous les jours, en tout temps, à toute heure et autant qu'ils en pourront boire, commençant par huit ou dix tasses, et dans la suite augmentant la dose à proportion que l'estomac en pourra contenir et que la vessie en pourra vider; d'en prendre indifféremment le matin ou l'après dînée, pendant le

[1] « Il faut que ce soit une fièvre bien considérable et bien obstinée quand on ne peut la guérir en buvant tous les jours de quarante à cinquante tasses de thé, et environ vingt dont la teinture soit forte et amère. C'est un effet que nous avons éprouvé depuis peu sur plusieurs malades, et c'est pour cela que nous rejetons maintenant tous les remèdes dont nous nous sommes servis autrefois pour guérir ces sortes de maladies. » Tome II, p. 199.

jour ou durant la nuit. Il est surtout fort à propos
d'en boire immédiatement après le repas, principalement lorsque l'on se trouve engagé à manger de
mauvais alimens ou à avaler de mauvaises boissons,
ou que l'on a l'estomac foible, ou que l'on est sujet
à d'autres incommoditez. Et il faut mêler le moins
que l'on peut de sucre avec le thé et n'en pas faire
un sirop, afin de point rendre cette boisson salutaire semblable aux sales loochs des apotiquaires [1].

Le thé fut introduit en Angleterre vers 1652,
et adopté surtout par la haute société. A la fin
du dix-septième siècle, c'était déjà le pays où
l'on en consommait le plus. Suivant Th. Dufour, qui écrivait vers 1680, « à Londres, le
nombre des lieux publics destinez à en vendre
va au delà de trois mille. » Il dit encore :
« On fait assez de cas du thé en France, en
Hollande et en Italie, mais peu ou point en
Espagne et en Allemagne où les peuples ne
sont pas si curieux de nouveautés, et se tiennent à leurs anciens usages : les Allemands au
vin et à la bière, les Espagnols au chocolate
et au vin [2]. » En 1766, la Chine fournissait à
l'Europe 17,400,000 livres de thé, importation qui se décomposait ainsi :

[1] *Nouveaux élémens de médecine,* traduits en françois
par Devaux, t. II, p. 201. — L'ouvrage de Decker est écrit
en hollandais.
[2] Page 247.

Par les Anglais...... 6,000,000 livres.
— Hollandais... 4,500,000 —
— Suédois...... 2,400,000 —
— Danois....... 2,400,000 —
— Français..... 2,100,000 —

Total... 17,400,000 livres [1].

II

Débuts du thé en France. — Thèse soutenue en faveur du thé à l'école de médecine en 1648. — Le thé vendu trente francs la livre. — Mazarin en prend contre la goutte. — Nouvelle thèse en 1657. Le chancelier Séguier en accepte la dédicace et assiste à la soutenance. — Traités publiés par Jean Girin et par Sylvestre Dufour. — Liste des vingt-deux maladies que le thé guérit infailliblement. — Scarron, Mad. de la Sablière, Racine, Daniel Huet aiment le thé. — Extrait des mémoires de D. Huet. — Poèmes de D. Huet et de Pierre Petit en l'honneur du thé. — Les livres de dépense de Huet. Le prix du thé entre 1650 et 1691. — On cherche à lui substituer des plantes indigènes. — Éloge de la sauge. — Éloge de la véronique. — Comment on préparait le thé. — Consommation du thé. — Tentatives faites pour acclimater le thé en Europe. — Persévérance de Linné. — Essais d'acclimatation en France. — Le *thé nouveau des dames*. — Le *thé des Alpes* ou *thé suisse*. — Le *thé de Hollande* ou *thé d'Angleterre*.

Durant ce temps que se passait-il en France ? Le commissaire Delamarre nous apprend que le thé « commença d'être en usage à Paris vers

[1] G.-Th. Raynal, t. II, p. 189.

l'an 1636 [1], » assertion dénuée de preuves et
aussi, je crois, de vérité. Quant à moi, je rencontre le thé mentionné pour la première fois
à Paris dans une lettre écrite par Gui Patin le
22 mars 1648. On y lit : « Un de nos docteurs,
qui est bien plus glorieux qu'habile homme,
nommé Morisset, voulant favoriser l'imperti-
nente nouveauté du siècle, et tâchant par là de
se donner quelque crédit, a fait ici répandre
une thèse du thé. Tout le monde l'a improuvée ;
il y a eu quelques-uns de nos docteurs qui l'ont
brûlée, et reproches ont été faits au doyen de
l'avoir approuvée. Vous la verrez et en rirez [2]. »
Il importe de ne pas prendre trop au sérieux
les sarcasmes de Gui Patin, ennemi déclaré
de toutes les innovations, surtout en médecine.
La thèse qu'il dénigre si bien ici a pour titre :
An the Chinensium menti confert? Elle fut
soutenue par le bachelier Armand-Jean de
Mauvillain, qui devint doyen de la Faculté en
1666, et elle eut pour président Philibert
Morisset, qui n'était pas non plus le premier
venu, puisqu'il fut élu doyen en 1660. De la
phrase écrite par Patin, il reste donc seulement

[1] *Traité de la police*, t. III, p. 797.
[2] Tome I, p. 383.

à retenir qu'au mois de mars 1648, le thé était déjà apprécié à Paris.

On l'y payait fort cher, s'il faut en croire le P. Alexandre de Rhodes. « Les Hollandois, écrit-il, apportent de la Chine le tay à Paris, et le vendent trente francs la livre, qu'ils ont achetée en ce païs-là huict et dix sols, et encore voy-je qu'ordinairement il est fort vieil et gasté. » On doit, ajoute-t-il, le tenir pour un médicament précieux; non seulement il guérit sûrement les migraines [1], mais il est souverain contre la gravelle et la goutte. C'est sans doute ce qui décida Mazarin à en faire usage : « Mazarin, dit Gui Patin, prend du thé pour se garantir de la goutte. Ne voilà-t-il pas un puissant remède contre la goutte d'un favori [2] ! »

Alexandre de Rhodes terminait ainsi son éloge du thé : « Je me suis un peu estendu sur le discours du tay, parce que depuis que je suis en France j'ay eu l'honneur de veoir quelques personnes de grande condition et d'un excellent mérite, de qui la vie et la santé sont extrêmement nécessaires à la France, qui

---

[1] « Pour moy, quand j'avois la migrainne, en prenant du tay je me sentois si fort soulagé qu'il me sembloit qu'on me tiroit avec la main tout mon mal de tête. » Page 32.

[2] *Lettre* du 1er avril 1657, t. II, p. 292.

s'en servent avec profit, et qui ont eu la bonté
de vouloir que je leur disse ce que mon expérience de trente ans m'avoit appris de ce grand
remède [1]. » La personne de grande condition
à laquelle il est ici fait allusion est certainement
le chancelier Séguier, qui épris du nouveau
breuvage, contribua plus que personne à en
généraliser l'usage. Au mois de novembre
1657, il accepta la dédicace d'une thèse, relative aux vertus du thé. « Jeudi prochain, écrivait Patin, nous avons une thèse touchant le
thé, dédiée à M. le Chancelier, qui a promis
d'y venir. Le portrait dudit seigneur y sera,
qui a coûté trente pistoles à graver chez Nan-
teuil [2]. » Le président de l'acte était le docteur
Jean de Bourges, qui avait été doyen de la
Faculté en 1654, et le candidat, fils d'un chirurgien célèbre, se nommait Pierre Cressé.
Abordant une question alors très controversée,
il étudiait les effets produits par le thé sur la
goutte [3], et pour conclure en recommandait
l'emploi. La séance fut solennelle. Le chancelier y assista, accompagné du maréchal de
l'Hôpital, de plusieurs présidents, maîtres des

[1] Page 53.
[2] *Lettre* du 23 novembre 1657, t. II, p. 359.
[3] *An arthritidi the Sinensium ?*

requétes et conseillers, pris sans doute parmi les goutteux très précieux du Parlement. « Les docteurs, dit encore Patin, ont fait merveille de bien disputer en si belle compagnie, et M. le chancelier n'en a bougé depuis huit heures du matin jusqu'à midi sonné [1], et a été fort attentif à tout ce qui a été dit durant ce temps-là [2]. »

Il ne fallait rien moins que la présence du chancelier pour convaincre la Faculté, mais dès lors ce fut chose faite; et en 1659, le docteur Denis Joncquet n'hésitait pas à qualifier le thé d'herbe divine dans laquelle se retrouvaient tous les sucs de l'ambroisie [3]. Aussi OElschlæger se borne-t-il à dire que ses bonnes qualités sont bien connues en France, « où plusieurs personnes de condition s'en servent avec succez [4]. »

En 1671, le libraire lyonnais Jean Girin, qui se fit auteur pour la circonstance, publia un petit volume in-24, intitulé : *De l'usage du caphé, du thé et du chocolate* [5]. Quelques pages

[1] Voy. *Les médecins*, p. 101.
[2] *Lettre* du 4 décembre 1657, t. II, p. 360.
[3] *Stirpium aliquot... explicatio.* Paris, 1659, in-4°, p. 25.
[4] Page 579.
[5] « A Lyon, chez Jean Girin et Barthélemy Rivière, en ruë Mercière, à la Prudence. »

seulement sont consacrées au thé, et je ne vois guère à y recueillir que les neuf premières lignes : « Comme, dit Jean Girin, il n'est pas venu à ma connoissance que jusqu'à préseut il se soit fait aucun traitté particulier du thé, j'en suis réduit à n'en pouvoir donner aux curieux que les remarques suivantes, qui, bien que fort concises, ne laissent pas d'estre assez amples. » Quatorze ans après, le même Jean Girin éditait un ouvrage moins naïf, composé par l'archéologue Sylvestre Dufour. J'ai déjà mentionné ses *Traitez nouveaux et curieux du café, du thé et du chocolate*, qui parurent en 1685 [1]. L'auteur reconnaît dès la deuxième page que « *ses* découvertes pour le thé ne sont pas allées encore si loin que celles qu'*il* a faites pour le café, dont l'usage *lui* est bien plus familier que celui du thé. » En vérité Dufour est trop modeste, et l'on se demande à quels résultats l'eussent conduit des études plus approfondies, ses recherches superficielles ayant suffi pour lui démontrer que le thé guérit infailliblement les maladies suivantes :

La migraine.	L'apoplexie.
L'assoupissement.	La léthargie.

[1] L'achevé d'imprimer est du 30 septembre 1684.

La paralysie.

Les vertiges.

L'épilepsie.

Les catarrhes.

Les ophtalmies.

Les bourdonnemens d'oreille.

Les aigreurs d'estomac.

Les coliques.

La gravelle.

La pierre.

La goutte.

Le rhumatisme.

Les vapeurs.

Les palpitations.

Les maux de rate.

Les crachements de sang.

Les rhumes.

La dysenterie.

Il est tellement diurétique que, pris en trop grande quantité, il donne le diabète : « Quelques auteurs ont observé que des personnes, par l'usage trop fréquent du thé, avoient pris de grands flux d'urine que les médecins appellent *diabètes*, où on rend des urines copieuses et semblables à ce qu'on a beu. »

Scarron faisait usage du thé en 1659 [1]. Madame de la Sablière avait eu l'idée, en 1680, d'y mêler du lait [2]. La princesse de Tarente en prenait douze tasses par jour, et affirmait à madame de Sévigné « que M. le Landgrave [3] en prenoit quarante tasses tous les

---

[1] *Lettre* du 8 mai 1659, à M. de Marigny. Dans les *Dernières œuvres,* édit. de 1720, t. I, p. 67.

[2] Mad. de Sévigné, *Lettre* du 16 février 1680, t. VI, p. 265.

[3] Le landgrave de Hesse-Cassel, mort en 1730, à l'âge de 75 ans.

matins. — Mais, madame, ce n'est peut-être
que trente? — Non, c'est quarante; il étoit
mourant, cela le ressuscite à vue d'œil [1]. »
Racine aimait beaucoup le thé; il en usait
encore chaque matin dans les derniers jours
de sa vie [2].

Daniel Huet, le savant évêque d'Avranches,
qui mourut à quatre-vingt-onze ans, après
une admirable vieillesse, avait également pour
le thé une véritable passion. Il raconte dans
ses curieux mémoires comment il en obtint la
guérison d'une maladie des yeux et d'une maladie d'estomac :

Je souffrais, dit-il, d'une paresse d'estomac
qu'avait augmentée encore l'abus des boissons
de toutes sortes qu'ont coutume d'ordonner
les médecins [3]. A la fin, elles avaient relâché
tellement les fibres de cet organe que la digestion des aliments m'était devenue très
pénible. En outre, j'étais souvent tourmenté
par des ophtalmies; de sorte que je me plai-
gnais de réunir en moi seul les deux infirmités

---

[1] Mad. de Sévigné, *Lettre* du 4 octobre 1684, t. VII,
p. 298.

[2] *Lettre* du 17 novembre 1698, édit. P. Mesnard, t. VII,
p. 302. — D'Olivet, *Histoire de l'Académie françoise*, édit.
de 1730, p. 374.

[3] « Quæ ægris alendis adhibere solent medici. »

que se partageaient Virgile et Horace, dont
l'un était chassieux et l'autre dyspeptique [1].

Un jour, je me souvins d'avoir lu, dans la
relation qu'Alexandre de Rhodes nous a laissée
de son voyage au Tonkin, que les feuilles du
thé étaient amies de l'estomac et avaient la
propriété de le stimuler [2]. En France, le nom
et l'usage de cette plante commençaient à
peine à être connus; on en trouvait peu chez
les marchands, et elle s'y vendait très cher,
presque au poids de l'or [3]. Je résolus pourtant
d'en essayer à quelque prix que ce fût. Et je
réussis au delà de toutes mes espérances, car
je possédai bientôt un estomac nouveau, dispos, solide, et digérant bien [4].

Depuis lors, j'eus le thé en si grande estime
que je ne passais guère un jour sans en prendre.
Son agréable parfum semblait me nettoyer le
cerveau, aussi l'appelais-je le balai de l'esprit,
et la gratitude que je professais pour lui

---

[1] Le mot est un peu moderne, mais je n'en trouve pas
qui rende plus exactement « crudus. »

[2] « Theæ plantæ Sinicæ folia languentem stomachum juvare
plurimum et excitare. »

[3] « Eaque grandi pretio, ac propemodum auro contra veni-
ret. »

[4] « Ut novus mihi visus sit inditus esse stomachus, vege-
tus atque valens, nullique deinceps obnoxius cruditati. »

me décida à célébrer ses louanges en vers [1].

En vers latin, bien entendu. C'est une jolie élégie de cinquante-huit vers [2], dont je me bornerai à citer le début :

I, puer, i, theam confestim in pocula misce.

Disons tout de suite que le médecin Pierre Petit lui répondit par un poème de cinq cent soixante vers [3], qui m'ont paru ne pas constituer une lecture attrayante, même pour un amateur de thé.

Huet écrivait chaque jour sa dépense avec tout le soin qu'eût pu apporter à cette tâche une bonne ménagère, et le très curieux registre qu'il forma ainsi est aujourd'hui conservé parmi les manuscrits de la Bibliothèque nationale [4]. La passion du savant évêque pour le thé s'y révèle presque à chaque page, on en jugera par ce court extrait :

[1] *P.-D. Huetii commentarius de rebus ad eum pertinentibus,* lib. V, p. 303.

[2] *Thea, elegia.* Dans les *P.-D. Huetii poemata latina et græca,* p. 60.

[3] *Thea sinensis. Ad Petrum-Danielem Huetium, abbatem Alnetanum.* — L'édition que j'ai lue est celle de Cramoisy, 1685, in-8° de 16 pages.

[4] Fonds des nouvelles acquisitions, n° 1197, 1 vol. in-folio. La première mention est du 22 juin 1650 (Huet avait alors vingt ans), et la dernière du 28 décembre 1691, année où il fut nommé évêque d'Avranches.

23 *janvier* 1679. Pour du thé, 6 liv. 4 s.

28 *août* 1679. Pour un quarteron de thé, 6 liv.

28 *août* 1679. Pour un pot d'estain à prendre le thé, 1 liv. 15 s.

27 *novembre* 1679. Pour un quarteron de thé, 2 liv.

25 *décembre* 1679. Pour un quarteron de thé, 3 liv.

25 *avril* 1680. Pour une demi-livre de thé, 12 liv.

18 *novembre* 1680. Pour un quarteron de thé, 6 liv.

20 *mars* 1681. Pour un quarteron de thé, 6 liv.

31 *octobre* 1681. Pour du thé, un quarteron, 6 liv.

1er *février* 1682. Pour une bouette à thé, achetée chez d'Herrere, 1 liv. 10 s.

1er *février* 1682. Au mesme, pour une demi-livre de thé, 6 liv.

4 *février* 1682. Pour une demi-livre de thé, chez d'Herrere, 6 liv.

3 *décembre* 1682. Pour une livre de thé, 12 liv.

28 *décembre* 1682. Pour demi-quarteron de thé, pour le P. Rapin, 1 liv. 10 s.

1er *avril* 1683. Pour une livre de thé, 12 liv.

2 *décembre* 1683. Pour un quarteron de thé, 6 liv.

6 *décembre* 1683. Pour quatre prises [1] de thé, 16 s.

16 *décembre* 1683. Pour une demi-livre de thé, 25 liv.

[1] Voy. ci-dessus, p. 88

20 *décembre* 1683. En thé, 1 liv.

13 *janvier* 1684. Pour une livre et demie, et demi-quarteron de thé, 39 liv.

6 *mars* 1684. Pour une demi-livre et une once de thé, au Vergaland [1], 18 liv. 10 s.

2 *novembre* 1684. En thé, au Vergaland, 6 liv. 8 s.

29 *janvier* 1685. Pour deux prises de thé, 10 s.

5 *mars* 1685. En thé, 3 liv. 6 d.

8 *mars* 1685. Pour deux livres de thé, trois livres de caffé en fèves et 3 livres de casse, 145 liv. 6 d.

8 *mars* 1685. En thé, 10 s.

15 *mars* 1685. Pour une livre de thé, chez Andry, 50 liv.

15 *mars* 1685. Pour une bouette à mettre du thé, prise chez Andry, 1 liv.

5 *novembre* 1685. Pour du thé, 1 liv. 5 s.

17 *décembre* 1685. Pour du thé, 10 s. 6 d.

24 *décembre* 1685. Pour deux livres de thé, au Vergaland, 110 liv.

Pendant l'année 1886, Huet semble avoir voulu renoncer au thé et y substituer le café, car je relève parmi ses dépenses :

3 *janvier*. Pour une livre de caffé, 1 liv. 10 s.

21 *février*. Pour une bouëtte à caffé, 1 liv.

4 *mars*. Pour quatre caffetières de terre blanchie, 3 liv. 3 s. 6 d.

15 *mai*. Pour deux livres de caffé, 2 liv. 16 s.

21 *novembre*. Pour une livre de caffé, 1 liv. 15 s.

10 *décembre*. Caffé, 1 liv. 15 s.

[1] Voy. ci-dessus, p. 88.

Cette infidélité fut de courte durée. Dès le 31 décembre apparaît de nouveau cette mention :

Pour une livre et demie de thé à 29 liv. la liv., 43 liv. 9 s.

La dernière acquisition de thé qui figure dans le registre est du 16 décembre 1691, et ainsi conçue :

Pour 14 onces de thé à 20 liv. la liv., pris chez Francœur, 17 liv. 10 s.

On voit que le thé se vendait cher. Tous ses partisans s'en plaignaient amèrement, et Corneille Decker s'était fait l'écho de leurs doléances :

Bien des gens, écrivait-il, aïant de l'aversion pour l'eau froide à cause de son insipidité, et beaucoup d'autres ne pouvant fournir à la dépense du thé, parce que la compagnie des Indes, contre le dessein de Dieu et de sa providence, juge à propos de priver notre païs et même toute l'Europe, du thé et de la cannelle; et d'un autre côté les brasseurs, ou bien n'ont pas l'art de faire de bonne bierre, ou se mettent moins en peine de donner à la boisson qu'ils travaillent toute la bonté qu'elle peut avoir que de tirer de sa vente un profit considérable; en sorte qu'une infinité de malheureux tombent malades pour boire de ces mauvaises boissons.

Decker conseille donc aux personnes trop pauvres pour se procurer de la bonne bière ou du thé de remplacer ces breuvages par un autre, composé de salsepareille, d'esquine [1] et de cannelle [2]; on laisse bouillir pendant une demi-heure, et « l'on a une boisson qui surpasse tous les vins, toute les bierres et toutes les potions que la pharmacie fournit [3]. »

Cette réclame n'eut aucun succès. Les Français se ressouvinrent alors que leur pays possédait plusieurs plantes précieuses, le myrte, la sauge, l'origan, la véronique, l'aigremoine, etc., dont le parfum est bien supérieur à celui de la salsepareille. J'ai déjà parlé de la sauge ; les Chinois l'avaient dédaignée, mais nos médecins continuaient à l'employer comme un succédané du thé. En 1670, Louis XIV souffrant d'une « pesanteur de tête, » Vallot le mit au régime de la sauge. Le mal augmenta, c'est vrai, il s'en suivit même des étourdissements et des vertiges [4].

---

[1] Ou mieux squine, une smilacée que l'on a souvent confondue avec la salsepareille.

[2] Demi-once de salsepareille, deux drachmes d'esquine, deux drachmes de poudre de santal, deux drachmes de cannelle, on verse sur le tout quatre pintes d'eau.

[3] Tome II, p. 144.

[4] *Journal de la santé de Louis XIV*, p. 103.

L'apothicaire Pomet nous apprend qu'en 1694, il vendait le thé de la Chine environ soixante-dix francs la livre, et celui du Japon cent cinquante à deux cents francs; et il ajoute : « Le thé étoit si en usage il y a quelques années en France qu'il y avoit fort peu de gens de qualité ou de bons bourgeois qui n'en prissent, mais depuis que le caffé et le chocolat ont été connus en France, on ne s'en sert presque plus. » Pomet saisit l'occasion pour faire de nouveau l'éloge de la sauge : « Nous n'avons, dit-il, guère de plantes qui soient plus douées de bonnes qualitez que la petite ou franche sauge, et il est certain que si elle croissoit aux Indes on l'estimeroit beaucoup; parce qu'elle nous est commune, nous n'en tenons presque aucun compte [1]. »

On pouvait sans doute lui reprocher de n'avoir pas soulagé Louis XIV, mais dans cette circonstance, les médecins devaient certainement être seuls en faute. Ce fut l'avis du docteur Pierre Hunault, professeur à la Faculté d'Angers, qui publia en 1698 son *Discours physique sur les propriétez de la sauge*. Dès le début, l'auteur y rend pleine justice aux mérites du café et du thé :

---

[1] Première partie, liv. V, p. 144.

La Renommée publiant par toute la Terre la grandeur du Roi surprit si agréablement tous les peuples, que jusques aux plus éloignez crûrent lui devoir rendre hommage, comme au plus grand Prince qui fût jamais, et le plus digne de commander à tout le monde. Leurs voïages et notre commerce avec eux nous aprirent leurs coûtumes, dont nous devinsmes en peu de tems si jaloux (comme il n'est point de nation plus susceptible de celles d'autrui que la nostre) que nous abandonnâmes nos anciennes pour les pratiquer. A parler naïvement, je ne crois pas que nous aïons beaucoup gagné dans cet échange. Je suis du moins assuré que pour quelques ragoûts, plus capables d'irriter l'appétit et de satisfaire notre délicatesse que d'entretenir solidement la santé, nous avons quitté des choses d'un usage moins équivoque. Il faut néanmoins excepter le thé et le caffé, ces liqueurs aussi agréables qu'utiles, et dont on ne doit craindre que le trop fréquent usage.

Mais il existe une autre plante, bien supérieure à celles-ci, une autre plante qui « tient comme le milieu entre le thé et le caffé, aïant par excellence les meilleures qualitez de toutes deux, » c'est la sauge de nos jardins. Elle est souveraine contre « les paresses de l'estomac, ses foiblesses, ses indigestions, ses nausées, ses éructations, ses gonflemens, ses amas de glaires visqueuses où domine la pituite crue. »

La sauge est amie du cerveau et des viscères.

« Les gouteux ne la trouvent pas moins favorable à leurs articles, les épileptiques à leurs nerfs. Aussi bien que les catharreux, les hydropiques se louent des évacuations sensibles qu'elle leur procure. Les graveleux ressentent qu'à proportion qu'elle fortifie leur estomac, elle dérobe à leurs reins les impuretez qui les chargent. » Elle est « diurétique, diaphorétique et purgative. Les gens sujets aux vapeurs, aux vertiges, au deffaut de mémoire, aux palpitations y trouvent un remède également souverain. »

La sauge « n'est pas moins efficace à l'extérieur qu'au dedans des parties, étant d'une qualité vulnéraire, douce, balzamique, fortifiante, résolutive. C'est pourquoi on l'emploïe avec beaucoup de succès à fomenter les parties foibles et débiles, à déterger des ulcères, des érésipelles, des gales, à résoudre des œdèmes ou d'autres amas d'humeurs solidement invisquées et épaissies. » Il y aurait beaucoup à dire encore sur ce sujet, mais « comme un plus grand détail nous engageroit dans une si vaste dissertation qu'elle comprendroit toute la physique, nous prions le lécteur de considérer ce petit essai plutôt comme l'échantillon d'un plus grand ouvrage que pour un traité absolument achevé. »

Les Parisiens firent comme les Chinois, ils restèrent insensibles aux charmes de la sauge. Le docteur Andry, qui devint doyen de la Faculté, entreprit alors de les convertir au culte de la véronique, véritable thé de l'Europe. S'inspirant des idées d'un médecin allemand nommé Francus, il publia en 1704 un petit in-8° intitulé : *Le thé de l'Europe, ou les propriétez de la véronique, tirées des observations des meilleurs auteurs et surtout de celles de M. Francus* [1], *médecin allemand*. Suivant ce Francus, la véronique possède même « l'apparence extérieure » du thé, et elle convient dans toutes les maladies que le thé a la réputation de soulager. Prise en infusion, elle guérit la migraine, les catarrhes, les ophtalmies, la surdité, la paralysie, l'asthme, la toux, la phtisie, la colique, la diarrhée, etc. Cela, c'est Francus qui l'affirme, et en terminant il s'écrie dans un transport d'enthousiasme : « Je vous salue, plante de bénédiction; je vous salue, reine des herbes, pré-

---

[1] *Joannis Franci veronica theezans, id est collatio veronicæ Europeæ cum the chinitico,* etc. Seconde édition, Lipsiæ, 1701, in-12 de 138 pages.

sent incomparable de la nature, souverain vulnéraire à qui sont confiées tant de vies; à vous soit louange et gloire au-dessus de toutes les autres herbes de la terre! »

Andry n'a pas reproduit cette éloquente apostrophe. Est-ce à cela qu'il faut attribuer le peu de succès qu'obtint son livre, et l'oubli dans lequel retomba bientôt l'innocente véronique? Lui-même semble ne pas lui être resté longtemps fidèle, car dans son *Traité des alimens de caresme*, écrit vers 1712, il ne la mentionne même pas, tandis qu'il consacre au thé un chapitre fort élogieux [1]. Il le déclare précieux surtout pour les personnes « replètes et pituiteuses, » et à la même date la Faculté de médecine en recommandait particulièrement l'usage aux vieillards [2].

Nous avons vu que la princesse Palatine ne l'aimait pas plus que le café [3]; cette vieille Allemande réservait sa passion pour la bière et les choux au sucre [4]. Mais on ne l'écoutait guère à Paris, et les *Lettres édifiantes* nous apprennent que le thé y était « devenu autant

[1] Tome II, p. 380.
[2] *An senibus the?* Thèse soutenue en 1712 par le bachelier J.-B. Silva.
[3] Voy. ci-dessus, p. 81.
[4] Voy. *La cuisine*, p. 204.

à la mode que le chocolat l'est en Espagne [1]. »
On le préparait exactement comme aujour-
d'hui, car voici la recette donnée par *Le cuisinier royal et bourgeois :*

Le thé n'est pas si commun que le caffé, à cause
de son prix qui est beaucoup plus cher... La manière ordinaire de le préparer est de faire boüillir
une pinte d'eau dans un vaisseau propre. Vous avez
une théière d'argent, de terre de la Chine ou de
fayance, dans laquelle vous mettez deux petites
pincées de thé, et y versez votre eau boüillante par
dessus, et le laissez infuser un moment, et le versez
dans des tasses. Chacun y met du sucre à son goût.
Quelques-uns se servent de sucre-candi ou de sirop
de capillaires au lieu de sucre. Ses propriétez sont
d'abaisser les fumées du cerveau, de rafraîchir et
de purifier le sang. Il se prend ordinairement
le matin, pour réveiller les esprits et donner de
l'appétit, et après le repas pour aider à la digestion [2]. »

Lémery fit figurer le thé dans son *Dictionnaire universel des drogues simples.* Il reconnaît toutefois que cette infusion « est plus
souvent employée pour le délice que pour la
médecine, » et il lui attribue « beaucoup de

---

[1] Lettre du 26 juillet 1714, dans les *Lettres édifiantes et
curieuses de la Chine,* édit. de 1781, t. XVIII, p. 302.
[2] *Nouvelle instruction pour les confitures. Suite du nouveau cuisinier royal et bourgeois,* édit. de 1715, p. 382.

bonnes qualités, » puisque, dit-il, « il réjouit
et récrée les esprits, il abat les vapeurs, il empêche l'assoupissement, il fortifie le cerveau
et le cœur, il hâte la digestion, il excite l'urine,
il purifie le sang, il est propre pour le scorbut
et pour la goutte [1]. »

J'ai dit qu'en 1766, la France consommait
par année environ 2,100,000 livres de thé.
Son usage avait gagné jusqu'au peuple, qui
souvent faisait bouillir les feuilles, préférant
une forte décoction à la légère infusion jusque-
là préconisée[2]. Des ouvrages fort estimés, entre
autres le *Dictionnaire d'histoire naturelle* publié par Valmont de Bomare, contestaient
alors les mérites du thé et condamnaient son
fréquent usage. Les Suédois, au contraire, le
représentaient comme un dépuratif du sang,
vantaient ses vertus diurétiques, le recom-
mandaient aux gens sédentaires et aux gour-
mands [3].

---

[1] Édition de 1759, p. 874.

[2] Valmont de Bomare, *Dictionnaire d'histoire naturelle,*
v° *Thé.*

[3] *Potus theæ, quem præside Car. Linné proposuit P.-C.
Tillæus Upsaliæ,* 1765. Dans les *Amœnitates academicæ* de
Linné, édit. de 1789, t. VII, p. 236. — L'auteur condamne
toutefois l'emploi du thé dans les leucorrhées, les paralysies
et les ophtalmies.

Vers 1773, on consommait aux États-Unis pour cinq à six millions de thé par an [1]. En Angleterre, les importations ne cessaient de s'accroître. Elles furent, en poids, de treize millions de livres durant les années 1780 à 1783 [2]. L'année suivante, l'impôt sur le thé rapporta 700,000 livres sterling [3].

On avait depuis longtemps cherché à acclimater en Europe une plante qui y était si recherchée. Jean Nieuhoff disait déjà vers 1660 : « Sa semence noirâtre jetée en terre produit au bout de trois ans des jolis arbrisseaux de la hauteur de nos groiseliers ou rosiers, dont on fait tous les ans une très riche récolte, les neiges et les gresles n'estant point capables de l'empescher par leurs rigueurs [4]. De sorte que je me persuade qu'on pourroit aisément cultiver cette plante en nostre Europe si on semoit

[1] Raynal, t. IX, p. 203.

[2] Ad. Smith, *Recherches sur la nature et les causes de la richesse des nations*, édit. de 1843, t. I, p. 263.

[3] Stanhope, *Pitt et son temps*, trad. Guizot, t. I, p. 223.

[4] Une commission scientifique, nommée vers 1831 par les Anglais pour étudier les moyens d'obtenir l'acclimatation du thé dans les Indes, s'exprimait ainsi : « Une condition essentielle, c'est qu'on ait un climat dans lequel il existe un hiver bien prononcé, de six semaines ou deux mois, et dans lequel il gèle et tombe de la neige. » D'Hervey de Saint-Denys, *Recherches sur l'agriculture et l'horticulture des Chinois*, p. 193.

de la graine en quelque lieu ombrageux et fertile [1]. »

Les premiers essais sérieux faits dans cette voie datent du grand Linné. Vers le milieu du dix-huitième siècle, l'Académie des sciences estimait « que l'arbuste dont les feuilles fournissent le thé *était* si particulier à la Chine qu'il ne *pouvait* s'élever en aucun autre lieu. » Linné lui écrivait d'Upsal qu' « il avoit dans son jardin un pied de cet arbrisseau bien vivant, qu'il essayoit de le multiplier, et que cette plante ne paroissoit pas plus redouter le froid qu'un grand nombre d'autres qui viennent dans nos climats, et nommément pas plus que le syringa [2]. » Ce que Linné ne raconte pas à l'Académie, c'est qu'il avait semé vingt fois des graines de thé sans aucun succès, et que le maigre arbuste dont il était si fier représentait bien des années de persévérants efforts.

Sur les instances de Linné, Pierre Osbeck, aumônier d'un bâtiment appartenant à la Compagnie des Indes, avait pris en Chine un magnifique pied de thé qu'il espérait rappor-

[1] Deuxième partie, p. 75.
[2] *Histoire de l'Académie royale des sciences*, année m.dcc.lxiii (publiée en 1766), p. 52.

ter au savant naturaliste; mais en vue du cap
de Bonne-Espérance, un coup de vent enleva
l'arbuste, et il disparut dans la mer. Un peu
plus tard, Lagerstrœm put, non sans orgueil,
déposer dans le jardin botanique d'Upsal
deux arbrisseaux dérobés à la Chine, et que
l'on entoura de soins pendant deux ans; ils
fleurirent enfin, et l'on reconnut alors que l'on
était en présence de deux camélias. Quelque
temps après, un vrai pied de thé, parvenu
sans encombre jusqu'à Gœtheborg, y fut détruit
par des rats dans la chambre du commandant.

Ces insuccès ne décourageaient pas Linné.
Il engagea le capitaine Ekeberg à suivre une
autre voie. Celui-ci, avant de quitter la Chine,
sema des graines dans un vase rempli de
terre, et elles germèrent durant la traversée.
Toutes avaient levé quand le vaisseau arriva
à Gœtheborg. Ekeberg en expédia aussitôt la
moitié à Upsal, mais l'envoi périt pendant le
trajet. Il porta lui-même la seconde moitié;
et, le 3 octobre 1763, Upsal recevait les premiers pieds de thé qui aient pris racine en
Europe [1]. Linné parvint à les conserver hors
des serres, et quelques plants transportés

---

[1] Voy. Duhamel du Monceau, *Traité des arbres et arbustes que l'on cultive en France*, t. II, p. 19.

dans la Grande-Bretagne fleurirent également en plein air [1].

On ne connaissait à Paris, vers la fin du dix-huitième siècle, que trois théiers; l'un appartenait au Jardin des Plantes, l'autre au duc de Cossé et le troisième à un amateur nommé de Janssen. Les essais d'acclimatation sur le territoire français, aux environs de Saumur et d'Angers par exemple, ont démontré la possibilité d'élever l'arbre à thé en pleine terre dans nos climats; ils ont prouvé aussi qu'il y donne très peu de feuilles et que le commerce n'en peut dès lors tirer parti.

Il avait donc continué à vouloir lui substituer d'autres plantes, douées des mêmes propriétés, disaient les prospectus. Vers 1778, un sieur de Lasalle, ancien chirurgien-major des armées du roi, annonçait un « *thé nouveau des dames,* ou espèces pectorales, béchiques, etc., pour la poitrine et l'estomach. » C'était à la fois un remède et un aliment : « De cette infusion théiforme, bien des personnes en font un déjeûné très agréable, en la coupant avec de la crème ou du lait, y ajoutant du sucre et un petit pain. On en fait aussi, avec le syrop de

[1] Raynal, t. III, p. 160.

9.

capillaires, des bavaroises de santé aussi flat-
teuses pour le goût que bienfaisantes. » L'inventeur indique ensuite son adresse, et la
précise : « La demeure du sieur de Lasalle
est à Paris, rue Beaubourg, la deuxième
porte cochère à gauche, en entrant par la
rue Grenier-Saint-Lazare, au premier sur le
devant [1]. » En 1782, il avait déménagé, et
demeurait « rue Saint-Martin, maison de madame d'Aumont, la porte cochère entre la rue
des Ménétriers et celle des Petits-Champs [2]. »

Le *thé des Alpes* ou *thé suisse* qui, je crois,
se vend encore chez quelques herboristes,
date à peu près du même temps. On le trouve
recommandé en ces termes dans les rares
journaux qui accueillaient alors des réclames :

Magazin général du *thé des Alpes*, cueilli sur les
montagnes de la Suisse, dont la composition a été
donnée par le célèbre M. le baron de Haller, chez
le sieur Guyot, négociant, rue du Mouton, près de
l'Hôtel-de-Ville, à Paris.

Ce thé est composé de fleurs choisies des vulnéraires suisses. Il est d'un goût très-agréable, et
supérieur à celui des Indes pour l'usage et les
propriétés qui sont expliquées sur chaque boëte.

---

[1] *Affiches, annonces et avis divers,* n° du 2 décembre 1778,
p. 191.

[2] *Ibid.,* n° du 23 janvier 1782, p. 15.

Elles sont de fer-blanc. Le prix est de 36 sols.

On débite aussi, même maison, les véritables vulnéraires suisses, à 12 et 24 sols le rouleau, couvert d'un imprimé qui en indique les propriétés.

Ledit sieur Guyot a établi des entrepôts dans les principales villes de France[1].

Pour mémoire, je mentionnerai encore le *thé de Hollande* ou *thé d'Angleterre*, qui était composé de thé inférieur, mêlé à de la racine d'iris réduite en poudre[2].

---

[1] Voy. les *Affiches, annonces et avis divers*, année 1781, p. 199; année 1782, p. 200; et le *Journal général de France*, n° du 22 janvier 1785, p. 39.

[2] *Encyclopédie méthodique*, Arts et métiers, t. II, p. 237.

CHAPITRE VI

LE CHOCOLAT.

I

Fernand Cortez et le chocolat. — Le cacao employé comme monnaie. — Ce qu'était le chocolat des Mexicains. — Il est introduit en Espagne, en Flandre, en Italie. — Comment le fabriquèrent d'abord les Espagnols. — Est regardé comme médicament. — Son introduction en France. — Le premier qui en fait usage est le frère aîné de Richelieu. — Privilège accordé à David Chaliou. — Passion de Marie-Thérèse pour le chocolat. — Qui le lui prépare à Versailles. — Elle se cache pour en prendre. — Madame de Sévigné aime le chocolat tant qu'il est à la mode à Versailles. Elle l'abandonne dès qu'il a cessé de plaire. — Début des chocolatières en argent. — Louis XIV supprime, par économie, le chocolat aux réceptions de Versailles. — Le Régent et le chocolat.

La conquête du Mexique et celle du chocolat sont dues à Fernand Cortez, double titre de gloire, dont le premier fut le plus périssable, car l'Espagne a perdu le Mexique, tandis que le chocolat constitue encore aujourd'hui une branche productive de son commerce. L'Ecclésiaste le dit avec raison : « Vanitas vanitatum, vanitas vanitatum, et omnia vanitas. »

Les Mexicains accordaient au cacao, base du chocolat, beaucoup plus d'importance que l'on n'a coutume d'en attribuer à un produit alimentaire. Marchandise type, dont le débit ne peut jamais subir ni retard, ni dépréciation, il jouait chez eux le rôle dévolu en Europe à l'or et à l'argent; les fèves de cacao y servaient de monnaie[1]. En 1850 encore, elles y remplaçaient le billon[2]. Elles avaient même sur les métaux cet avantage que rien n'empêchait de les consommer quand elles étaient restées assez longtemps en circulation.

Le chocolat des Mexicains était une sorte de bouillie dans la composition de laquelle entraient, outre le cacao grillé, de la farine

[1] « Or on se sert par toutes ces provinces de ce fruict pour monnoye; car on vend une chose cinq, une autre trente, une autre cent cacais, et on en donne l'aumosne aux pauvres. » Jean de Laet, *L'histoire du Nouveau monde*, 1640, in-folio, p. 236. — Voy. aussi Antoine de Herrera, *Description des Indes occidentales*, *translatée d'espagnol en françois*, 1622, in-folio, p. 28.

[2] R. P. Dutertre, *Histoire générale des Antilles*, 1667, in-4°, t. II, p. 184. — B. de Sahagun, *Histoire générale des choses de la Nouvelle-Espagne*, édit. de 1880, p. 866.

de maïs, du rocou, du poivre indien, du
piment et·d'autres ingrédients [1].

Suivant Benzo, soldat espagnol qui avait
servi au Mexique, ce mélange semblait préparé plutôt pour être jeté à des porcs qu'offert
à des hommes : « porcorum ea verius collu-
vies quam hominum potio [2]. » Il n'en faisait
pas moins les délices des Indiens, et il fut
bientôt aussi recherché par leurs conquérants
européens. Jean de Laet écrivait en 1640 :
« La principale chose à quoi on se sert du
cacao, c'est à composer un breuvage qu'ils
nomment chocolate, aymé des habitans de ces
régions outre mesure, et autant estimé que
chose qui soit, combien qu'il feroit vomir
celui qui n'y est pas accoustumé. Les naturels
présentent à leurs hostes ce breuvage, mesmes
aux plus grands seigneurs. Les Espagnols,
encores plus les Espagnoles, l'ayment d'une
si estrange sorte que quand ils y sont une fois
accoustumés, ils disent qu'ils ne sçauroyent
vivre sans icelui. Ils y meslent diverses espi-

---

[1] Th. Gage, *Voyages*, 1721, in-12, t. I, p. 141. —
D. Quelus, *Histoire naturelle du cacao et du sucre*, 1719,
in-12, p. 97.

[2] C. Clusius, *Exoticorum libri decem.*, 1605, in-folio,
p. 56.

Folio 305

Americain auec sa Chocolatiere et son Gobelet

Rameau de L'arbre du Cacao

Cacao   Gousses de Vanille

Traité Nouueau & Curieux du Chocolate
Composé Par Philippe Syluestre Dufour

ceries et principalement beaucoup de poivre[1]. »

Fernand Cortez revit l'Espagne en 1528, c'est donc aux environs de cette date que le chocolat dut commencer à être connu dans la Péninsule, d'où il se répandit en Flandre. Enfin, le voyageur Francesco Carletti l'introduisit à Florence vers 1606. Antonio Colmenero avait donc le droit d'écrire en 1631 : « Le nombre de ceux qui boivent aujourd'huy du chocolate est si grand, que non seulement ce breuvage est fort usité aux Indes, où il a pris son origine, mais aussi en Espagne, en Italie et en Flandres, et particulièrement en la Cour d'Espagne[2]. » Colmenero nous enseigne en même temps comment on l'y fabriquait, et je copie cette recette compliquée :

A chacune centaine de cacaos, on meslera deux grains de chile ou poivre de Mexique, de ces gros grains qui sont appelez chilpatlague, et à leur défaut, on prendra deux grains de poivre des Indes, une poignée d'anis, deux de ces fleurs appellées

[1] Page 236.
[2] *Tratado de la naturaleza y calida del chocolate.* Madrid, 1631, in-4°, préface. — Je cite la traduction donnée en 1643, par le médecin René Moreau, sous ce titre : *Du chocolate, discours curieux divisé en quatre parties.* Paris, in-4°.

petites oreilles ou vinacaxtlides, et deux autres
qu'on nomme mecasuchil si le ventre estoit dur et
resserré. Au lieu de ces dernières, on pourroit mettre la poudre de six roses d'Alexandrie vulgaire-
ment appellées roses pasles [1], une petite gousse de
campêche, deux drachmes de canelle, une douzaine
d'amandes et autant de noisettes, demye livre de
sucre, la quantité d'achiote [2] qui suffira pour donner
couleur à toute la composition.

Cette recette, ajoute l'auteur, est recom-
mandée aux personnes qui jouissent d'une
bonne santé. Pour les autres, on modifiera les
ingrédients secondaires selon la nature de la
maladie qu'il s'agira de combattre.

Il est probable que, sous cette forme, le
chocolat n'eût pas obtenu un grand succès en
Europe. Mais les Espagnols ne tardèrent pas
à simplifier sa composition, à n'ajouter au
cacao que du sucre ou du miel, de la vanille
ou de la cannelle. Même fait ainsi, il fut longtemps encore considéré surtout comme un
médicament, et c'est à ce titre que nous allons
le voir pénétrer en France.

La première personne qui en prit fut, dit-
on, le frère aîné de Richelieu, Alphonse-
Louis du Plessis, archevêque de Lyon et

[1] Les six roses employées par les apothicaires.
[2] Ou rocou.

cardinal. S'il faut en croire Bonaventure
d'Argonne, « le cardinal de Lion, Alphonse
de Richelieu est le premier en France qui a
usé de cette drogue. J'ai ouï dire à l'un de ses
domestiques [1] qu'il s'en servoit pour modifier
les vapeurs de sa rate, et qu'il tenoit ce secret
de quelques religieux espagnols qui l'apportèrent en France [2]. » Cette assertion est d'autant plus vraisemblable que René Moreau,
célèbre médecin de Paris, raconte avoir été
consulté, avant 1642, par le cardinal de Lyon
sur les propriétés thérapeutiques du chocolat [3].

[1] Un de ses familiers.

[2] *Mélanges d'histoire et de littérature*, 1725, in-12, t. I,
p. 4. — Le Dr C.-B. Behrens (*Selecta diœtetica*, 1710, in-4°,
p. 391), dit que le cardinal Armand de Richelieu en usa le
premier parce qu'il était atteint de spleen et d'hypochondrie.
Il est facile de voir l'origine de cette erreur, qui a été souvent
reproduite. Elle figure encore dans la thèse soutenue à
Upsal en 1765, par Ant. Hoffmann : *Potus chocolatæ;* voy.
les *Amœnitates academicæ* de Linné, t. VII, p. 254.

[3] « Plusieurs personnes de condition, se rebutant de
l'usage du chocolate, pour ne sçavoir ny la composition ny
les vertus de cette drogue estrangère, qui est maintenant en
très grande réputation par toute l'Europe ; et Vostre Éminence m'ayant fait autrefois l'honneur d'en demander mon
advis, j'ay creu qu'il seroit à propos, afin de contenter vostre
curiosité, de produire à Vostre Éminence le tesmoignage de
ceux qui ont veu dans les Indes préparer ce breuvage, qui
nous ont appris sa composition et qui ont soigneusement
examiné ses qualitez et ses effects. » Traduction du traité de

Une douzaine d'années après, le cardinal Mazarin et le maréchal de Gramont firent venir d'Italie deux habiles cuisiniers qui savaient préparer le café, le thé et le chocolat [1]. Ces précieux talents étaient donc encore inconnus à Paris. Ils ne l'étaient guère moins en 1659, et de cette année date le premier document officiel relatif à l'introduction du chocolat dans la grande ville. J'ai copié aux Archives nationales [2] des lettres patentes, données à Toulouse le 28 mai 1659, qui accordent pour une durée de vingt-neuf ans à un sieur David Chaliou le privilège exclusif de la fabrication et de la vente du chocolat dans toute l'étendue du royaume. Cette pièce est trop importante pour que je puisse me borner à l'analyser, en voici donc toute la partie essentielle :

Louis, etc.

Nostre cher et bien amé David Chaliou nous a très humblement fait remonstrer qu'il auroit fait divers voyages en Espagne, en Pologne et autres lieux de l'Europe, pendant lesquels s'estant applic-

---

Colmenero, dédicace au cardinal de Lyon, datée du 31 octobre 1642.

[1] Audiger, *La maison réglée*, p. 166.

[2] Registre coté : X^{1a} 8665, f° 68.

qué à la recherche des secrets qui peuvent estre
utiles au corps humain, il a entr'autres acquis la
connoissance d'une certaine composition qui se
nomme le chocolat, dont l'usage estant très sain,
il désireroit en faire part au publicq s'il nous plai-
soit luy accorder la permission d'en faire faire luy
seul le débit, et sur ce luy octroyer nos lectres
nécessaires.

A ces causes, désirant favorablement traiter ledit
supliant, tant en considération de la prière qui
nous a esté faite en sa faveur par un de nos plus
spéciaux lieutenans que pour luy donner moyen
de se dédommager des frais qu'il a faicts pour apprendre la parfaicte composition de cette liqueur,
nous luy avons... permis et permettons de faire,
faire vendre et débiter, dans toutes les villes et
autres lieux de ce royaume que bon luy semblera,
ledit chocolat, soit en liqueur ou pastilles ou en
boettes, ou en telle autre manière qu'il luy plaira,
et faire venir pour cet effect des pays estrangers
les choses nécessaires pour la composition dudit
chocolat, sans que personne l'en puisse empescher.
Et ce, pendant l'espace de vingt-neuf ans entiers
et consécutifs, durant lequel temps faisons très
expresses inhibitions et deffenses à toutes personnes de quelque qualité et condition qu'elles soient
de s'immiscer à faire faire, ny vendre ou débiter
ledit chocolat, soubs quelque prétexte ou nouveau
nom que ce soit...

Registrées... pour estre exécutées et jouir par
l'impétrant de l'effect et contenu en icelles pendant l'espace de quinze années, suivant l'arrest de

ce jour. A Paris en Parlement, le neufvième février
mil six cens soixante-six.

>   Collationné à son original,

>   Du Tillet.

On voit que le Parlement avait ajourné
pendant plus de six ans l'enregistrement de
ces lettres patentes, et qu'en outre il réduisait
à une durée de quinze années le privilège
accordé à David Chaliou. Ceci n'importe guère,
mais en l'étudiant de près, cette pièce me
paraît intéressante à d'autres titres. Elle
est datée de novembre 1659, et Mazarin y
déclare au nom du roi qu'il a favorablement
traité le suppliant « en considération de la
prière qui *lui* a esté faite en sa faveur par un
de *ses* plus spéciaux lieutenans. » Or, en
1659, le maréchal de Gramont, celui-là
même qui eut, avec Mazarin, le premier
cuisinier sachant préparer le chocolat, était
à Madrid et il demandait à Philippe IV
la main de sa fille Marie-Thérèse pour le roi
de France. Sont-ce là des coïncidences for-
tuites ? Certàinement non. D'autant plus que
la nouvelle reine aimait le chocolat au point
de ne pouvoir s'en passer. A Versailles, elle le
faisait faire par une femme de chambre nommée
la Molina, qu'elle avait amenée d'Espagne ;

celle-ci ayant regagné son pays, fut remplacée
par la Philippa, jeune personne douée du même
talent. Mademoiselle de Montpensier, qui
me fournit ces renseignements, ajoute que
Marie-Thérèse cherchait à dissimuler sa passion pour le chocolat, « elle en prenoit en
cachette et ne vouloit pas que l'on sût qu'elle
en prît[1]. »

Chaliou s'était établi près de la croix du
Tiroir[2], qui s'élevait à l'angle de la rue Saint-
Honoré et de la rue de l'Arbre-Sec, à l'endroit
qu'occupe aujourd'hui une fontaine. Son commerce prospéra-t-il? Cela est probable, car dès
1661 la Faculté de médecine approuvait
l'usage du chocolat[3]. Et pourtant, dix ans
plus tard la province ne connaissait pas encore
cet aliment. L'abbé de Choisy l'affirme[4], et
madame de Sévigné est désolée de penser que
sa fille, partie pour Lyon, n'y trouvera pas de
chocolatière[5]. A Paris même, le chocolat a
alors un peu perdu de son crédit, on le discute.
Madame de Grignan n'en a pas moins fini par

[1] *Mémoires*, édit. Petitot, 2e série, t. XLIII, p. 398.
[2] Delamarre, t. III, p. 797.
[3] *An salubris usus chocolatæ?* Thèse soutenue par Michel
Dupont, et concluant par l'affirmative.
[4] Voy. ci-dessus, p. 39.
[5] *Lettre* du 11 février 1671, t. II, p. 60.

se procurer une chocolatière; car sâ mère lui écrit le 15 avril :

Le chocolat n'est plus avec moi comme il étoit : la mode m'a entraînée, comme elle fait toujours. Tous ceux qui m'en disoient du bien m'en disent du mal; on le maudit, on l'accuse de tous les maux qu'on a; il est la source des vapeurs et des palpitations; il vous flatte pour un temps, et puis vous allume tout d'un coup une fièvre continue, qui vous conduit à la mort; enfin, mon enfant, le grand maître [1], qui en vivoit, est son ennemi déclaré : vous pensez si je puis être d'un autre sentiment. Au nom de Dieu, ne vous engagez point à le soutenir; songez que ce n'est plus la mode du bel air [2].

Comme durant toute cette année 1671, le chocolat ne revint pas à la mode du bel air, l'inconstante marquise ne changea pas d'avis à son endroit. Écoutons-la.

13 mai. — Je vous en conjure, ma très chère bonne et très-belle, de ne point prendre de chocolat. Je suis fâchée contre lui personnellement. Il y a huit jours que j'eus seize heures durant une colique et une suppression qui me fit toutes les douleurs de la néphrétique. Pecquet [3] me dit qu'il y avoit beau-

[1] Henri de Daillon, comte, puis duc du Lude, grand maître de l'artillerie.

[2] Tome II, p. 164.

[3] Médecin du surintendant Fouquet. Il craignait moins l'eau-de-vie que le chocolat, car elle « avança ses jours, » dit Bonaventure d'Argonne, Mélanges, t. II, p. 3.

coup de bile et d'humeurs en l'état où vous êtes : il vous seroit mortel [1].

25 *octobre.* — Mais le chocolat, qu'en dirons-nous ? N'avez-vous point peur de vous brûler le sang ? Tous ces effets si miraculeux ne nous cacheront-ils point quelque embrasement ? Dans l'état où vous êtes, ma chère enfant, rassurez-moi ; car je crains ces mêmes effets. J'ai aimé le chocolat, comme vous savez ; mais il me semble qu'il m'a brûlée, et de plus, j'en ai bien entendu dire du mal ; mais vous dépeignez et vous dites si bien les merveilles qu'il fait en vous, que je ne sais plus que dire.

La marquise de Coëtlogon prit tant de chocolat, étant grosse l'année passée, qu'elle accoucha d'un petit garçon noir comme le diable, qui mourut [2].

18 *décembre.* — Pour votre petit-fils, l'état où il a été ne raccommode pas le chocolat avec moi ; je suis persuadé qu'il a été brûlé, et c'est un grand bonheur qu'il ait été humecté et qu'il se porte bien : le voilà sauvé, je m'en réjouis avec vous [3].

23 *décembre.* — Je tremble de penser qu'un enfant de trois semaines ait eu la fièvre et la petite vérole. C'est la chose du monde la plus extraordinaire. Mon Dieu ! d'où vient cette chaleur extrême dans ce petit corps ? Ne vous a-t-on rien dit du chocolat ? Je n'ai point le cœur content là-dessus [4].

Ces frayeurs ne furent pas de longue durée,

[1] Tome II, p. 214.
[2] Tome II, p. 398.
[3] Tome II, p. 435.
[4] Tome II, p. 441.

car dès le mois de janvier, madame de Sévigné
engage sa fille à « prendre du chocolat[1]. »
Mais c'est ensuite au tour de madame de Grignan à s'en dégoûter ; elle ne veut plus entendre
parler de cet aliment qui jadis « lui faisoit
battre le cœur. » Sa mère a la cruauté de le lui
rappeler et l'audace d'ajouter : « Vous devriez
me cacher ces sortes d'inconstances[2]. »

Les premières chocolatières en métal précieux que j'ai trouvées mentionnées, figurent
dans la nomenclature des présents offerts à la
Cour par les ambassadeurs Siamois en 1686.
Le Dauphin reçut « deux chocolatières d'argent à fleurs d'or, » et la Dauphine « quatre
chocolatières d'argent ouvrage du Japon ; » de
son côté, M. Constance, guide et interprète des
ambassadeurs, présenta au roi cinq chocolatières dont trois étaient en argent, et au marquis de Seignelay trois chocolatières de même
métal[3]. Ceci prouve tout au moins le succès
qu'avait obtenu déjà le chocolat en Orient.
Trois ans après, dans une loterie que le duc
d'Orléans organisa à Saint-Cloud, nous voyons
madame de Méré gagner « une chocolatière

[1] *Lettre* du 15 janvier 1672, t. II, p. 468.
[2] *Lettre* du 13 novembre 1675, t. IV, p. 234.
[3] *Mercure galant,* n° de juillet 1686, 2ᵉ partie, p. 297.

d'argent, une en porcelaine, sept bastons de chocolat et une boëte de thé[1]. »

Ce qui établit encore la faveur dont jouissait alors le chocolat, surtout à la Cour, c'est qu'en novembre 1693 Louis XIV supprima, par économie, le chocolat mis à la disposition de ses invités les jours de réception[2]. Il est vrai que ces réceptions avaient lieu trois fois par semaine[3]; mais, comme nous le dirons plus loin[4], le chocolat ne coûtait à ce moment que six francs la livre.

Le Régent déjeunait avec une tasse de chocolat. Il n'avait pas de *petit lever* comme Louis XIV, et pour cause[5]. En sortant de sa chambre, il allait prendre du chocolat dans une grande pièce, où l'on venait le saluer; c'est ce que l'on appelait *être admis au chocolat.* « J'entrai alors au chocolat de Son Altesse Royale, » fait dire Chevrier au maréchal de Belle-Isle[6].

[1] *Mercure galant,* n° de juillet 1689, p. 180.
[2] Dangeau, *Journal,* 25 novembre 1693, t. IV, p. 401.
[3] *Mercure galant,* n° de décembre 1682, p. 4.
[4] Voy. le chapitre VII.
[5] « Ce prince, moins discret que décent, ne vouloit point exposer aux regards avides et malins des courtisans, des filles de l'Opéra en désordre ou d'honnètes femmes qui ne valoient pas mieux. »
[6] *Testament politique du maréchal, duc de Belle-Isle.* 1761, in-8°, p. 43.

II

Le chocolat et la Faculté de médecine. — Action thérapeu-
tique du chocolat. — Il guérit à peu près toutes les maladies. — Reproches que lui adressent ses adversaires. —
Le chocolat est-il un aliment ou une boisson? — Les
canonistes soutiennent qu'il ne rompt pas le jeûne. Les'
médecins sont d'un avis contraire. — La question est
résolue par un cardinal et par une femme d'esprit. —
Comment se fabriquait alors le chocolat. — Comment il
se préparait. — Le chocolat de Paris. — Marchands à la
mode en 1692. — Le chocolat aphrodisiaque ou antivénérien. Le chocolat purgatif, etc. — Prix du chocolat. —
Droits d'entrée sur le chocolat. — La culture du cacao à
La Martinique, à Saint-Domingue, à Cayenne, à l'Ile-de-
France, à La Guadeloupe.

Les médecins se montraient beaucoup plus
indulgents pour le chocolat que pour le café,
et la Faculté lui resta toujours fidèle. En 1684,
le bachelier Fr. Foucault prit pour sujet de
thèse le chocolat [1], et il en fit un éloge enthou-
siaste.

Si, dit Théophile Dufour, on en prend par
plaisir seulement, il faut se borner à deux
tasses par jour; les bilieux le prépareront
avec de l'eau d'endive, les gens resserrés y
ajouteront de la rhubarbe. On doit toujours

_____
[1] *An chocolatæ usus salubris ?*

s'en méfier durant les jours caniculaires. A cela près, il rend de très grands services aux personnes « qui ont l'estomac affoibli par la colique, la diarrhée, les vents et les évacuations copieuses. » Il réveille et fortifie la mémoire, aussi les prédicateurs en font-ils usage. Tout le monde convient qu'il est très nourrissant; « il l'est tant qu'il n'y a point de bouillon ·de viande qui soûtienne plus long-temps ni plus fortement. Bien des gens, qui s'étoient réduits pour la santé à en boire sou-vent, ont passé plusieurs jours à se contenter d'en prendre trois tasses par jour sans autre nourriture, et ne s'en sont pas mal trouvés. » Dufour déclare encore que le chocolat a cou-tume d'engraisser ceux qui en prennent régu-lièrement, et il termine par ces bonnes paroles : « Voilà tout ce que j'avois à dire du chocolate et par où je me vois obligé de finir, fort satis-fait de mes recherches et de mes réflexions si quelqu'un en profite pour conserver sa santé ou pour ménager celle des autres [1]. »

Le docteur Blegny recommande l'emploi du chocolat contre les rhumes et les fluxions de poitrine, les inflammations de la gorge et

[1] Pages 378 et suiv.

de la plèvre, contre l'insomnie, les coliques
bilieuses, le choléra-morbus, la diarrhée et la
dysenterie. Il célèbre surtout les mérites d'un
chocolat spécial, préparé par lui, et à l'emploi duquel aucune maladie vénérienne n'a
jamais résisté. « Je ne puis, dit il, me dispenser de donner une idée de sa nature et
quelques règles pour son usage, afin que ceux
qui ayment le chocolat et qui auront le mal-
heur de se trouver atteints de la plus universelle des maladies galantes, y puissent trouver les éclaircissemens nécessaires pour leur
consolation [1]. »

Aux yeux du docteur Hecquet, doyen de la
Faculté en 1712, « on refuseroit presque au
chocolat le titre ou la qualité de boisson, et
on le rangeroit plus volontiers parmy les
bouillons ou les consommez, tant il est nourrissant et plein de suc, capable de soûtenir
les personnes les plus robustes. On le fait
cependant passer aujourd'huy pour la reine
des boissons, pour la boisson des dieux [2]. »

Nicolas Andry, collègue d'Hecquet, reconnaît que le chocolat nourrit beaucoup et
même qu'il guérit la phtisie, « mais la règle

[1] Page 292.
[2] *Traité des dispenses du carême*, 1709, in-8°, p. 498.

n'est pas générale, ajoute-t-il prudemment[1]. »

Le voyageur Jean-Baptiste Labat raconte qu'à la Martinique, « les habitans font un usage si ordinaire du chocolat, de l'eau-de-vie et du tabac, que ces trois choses leur servent d'horloges et de mesures itinéraires; de sorte que si on leur demande à quelle heure ils sont partis d'un endroit, et quand ils sont arrivez, ils répondent : Je suis parti au coup d'eau-de-vie et je suis arrivé à la chocolade, c'est-à-dire qu'ils sont partis au point du jour et qu'ils sont arrivez sur les huit heures du matin, parce qu'ils prennent de l'eau-de-vie immanquablement tous les matins au point du jour, et le chocolat sur les huit heures. Et lorsqu'on veut savoir d'eux la distance d'un lieu à un autre, ils disent qu'il y a deux bouts de tabac ou trois bouts de tabac, c'est-à-dire qu'on emploie le temps de fumer deux ou trois bouts de tabac en allant de ce lieu à l'autre. » Le chocolat est un puissant diurétique. Il a aussi l'admirable propriété de nettoyer l'estomac. Mais je rends la parole à l'éloquent P. Labat : « Les Espagnols, et à leur imitation beaucoup d'autres nations,

---

[1] *Traité des alimens de caresme*, 1713, in-8°, p. 384.

font des moüillettes ou de petites tranches de
pain commun qu'ils trempent dans leur chocolat, et qu'ils mangent avant de le prendre.
Cette méthode ne sçauroit être mauvaise, surtout s'il est vrai, comme ils le prétendent,
que les flegmes, les conditez et les autres
impuretez qui sont dans l'estomach s'attachent
à ce pain, et que le chocolat les y trouvant
assemblées, les y consomme, les précipite
plus facilement. » Je recommande ce procédé
peu compliqué aux partisans actuels du lavage
de l'estomac. Labat nous apprend encore
qu' « on se sert du chocolat pour faire de
petites tablettes, des dragées, des pastilles
qu'on appelle diablotins, et une espèce de
marmelade sur laquelle on met des pignons
confits. Il seroit à souhaiter que l'usage de
cet excellent aliment s'établit en France,
comme il l'est en Espagne et par toute l'Amérique [1]. » Ceci était écrit vers 1720.

A ce concert de louanges, il faut une con-
tre-partie, car le chocolat avait des détracteurs tout aussi ardents, tout aussi convaincus que ses prôneurs. Le docteur anglais
Lister, par exemple, déclare que c'est un dan-

[1] *Nouveau voyage aux isles de l'Amérique,* 1722, in-12,
t. VI, p. 88.

gereux apéritif, et en même temps un grossier aliment, bon pour des estomacs d'Indiens [1]. Le docteur Duncan condamne aussi le chocolat ; mais au contraire du docteur Sangrado, de facétieuse mémoire, Duncan proscrivait toutes les boissons chaudes [2]. Il ne persuada pas Catinat, qui « abandonna le café pour le chocolat [3], » mais il eut une admiratrice résolue dans la princesse Palatine. Celle-ci attribuait au chocolat une foule de propriétés malfaisantes ; elle l'accuse même d'avoir gâté les dents de la reine Christine [4].

Concluons par ce passage du savant docteur Nicolas Lémery, qui mourut membre de l'Aca-

---

[1] « Les avocats du chocolat vous disent qu'il leur donne de l'appétit s'ils en prennent deux heures avant dîner. Fort bien ! Qui en doute ? Vous dites que vous avez beaucoup plus faim après votre chocolat que si vous n'aviez rien pris, c'est-à-dire que votre estomac est foible, a besoin, se fait creux et vide. Je soupçonne que des choses qui passent si vite dans l'estomac y sont mal venues et que la nature a hâte de s'en débarrasser. Les pauvres Indiens, quelques personnes parmi nous le digéreront sans doute, mais nos corps délicats n'en sauroient que faire. » *Voyage à Paris en* 1698, *traduit pour la première fois...* 1873, in-8°, p. 153.

[2] *Avis salutaire à tout le monde contre l'abus des boissons chaudes et particulièrement du café, du chocolat et du thé.* Rotterdam, 1705, in-8°.

[3] Mad. de Sévigné, *Lettre* du 25 septembre 1703, t. X, p. 502.

[4] *Lettre* du 10 novembre 1716, t. I, p. 280.

démie des sciences en 1715 : « Le chocolat,
en quelque manière qu'il soit pris, est un bon
restaurant, propre pour rappeler les forces
abattues et pour exciter de la vigueur. Il
résiste à la malignité des humeurs ; il fortifie
l'estomac, le cerveau et les autres parties
vitales, il adoucit les sérositez trop âcres qui
descendent du cerveau sur la poitrine, il
excite la digestion, il abat les fumées du
vin [1]. »

Mais, vers ce temps-là, venait d'être soule-
vée une question bien autrement grave, car
ce n'est plus le corps de l'homme qu'elle mettait en jeu, c'était son âme. Il s'agissait de
savoir si le chocolat était un aliment ou une
boisson. On voit tout de suite l'extrême
importance de cette distinction. Si l'on arrivait à démontrer que le chocolat est une boisson, il ne rompait point le jeûne, et il devenait une ressource précieuse durant les pé-
nibles jours du carême. Il y avait là matière à
d'éloquentes et subtiles amplifications; canonistes et médecins s'en emparèrent donc avec
empressement, et une lutte ardente s'engagea.
Les canonistes soutinrent que le chocolat ne

[1] *Traité des drogues simples,* édit. de 1759, p. 240.

rompait pas le jeûne, les médecins furent d'un avis contraire. Le chocolat, disaient-ils, constituait une véritable nourriture, plus réconfortante même que le lait, car une minutieuse analyse avait établi qu'une once de cacao donnait autant de « suc huileux » qu'une livre de bœuf. Les canonistes, de leur côté, soutenaient que le chocolat était en réalité un médicament, une confection, un cordial, un stomachique dont l'absorption ne tirait pas à conséquence.

Le problème fut résolu, d'abord par un cardinal, ensuite par une femme d'esprit. Le cardinal se nommait Francesco-Maria Brancaccio, et avait été successivement évêque de Viterbe, de Porto et de Capaccio. En 1664, il publia un traité intitulé : *An chocolates aqua dilutus, prout usu hodierno sorbetur, jejunium ecclesiasticum frangat, controversia* [1]. Son argumentation est simple et logique. Les boissons, écrit-il, ne rompent pas le jeûne ; ainsi le vin, tout nourrissant qu'il est, ne le rompt point. Il en est de même du chocolat. Qu'il nourrisse, on ne saurait le nier ; mais il ne s'ensuit pas du tout qu'il constitue un aliment.

[1] Grand in-4°.

Et le prince de l'Église conclut ainsi : « Chocolates non sit per se primo alimentum aut
cibus, licet per accidens nutriret [1]. » Son
opinion l'emporta, et cela par cette bonne
raison que tout le monde avait intérêt à ce
qu'elle triomphât. Les gens timorés à qui il
restait des doutes, s'en tiraient comme madame de Sévigné, qui écrivait à sa fille le
28 octobre 1671 : « J'ai voulu me raccom-
moder avec le chocolat, j'en pris avant-hier
pour digérer mon dîner, afin de bien souper,
et j'en pris hier pour me nourrir et pour jeû-
ner jusqu'au soir : il m'a fait tous les effets
que je voulois. Voilà de quoi je le trouve plaisant, c'est qu'il agit selon l'intention [2]. »

La fabrication du chocolat n'avait guère
varié. On commençait par faire griller dans
une bassine le cacao, qu'il fallait ensuite
réduire en pâte; on obtenait ce résultat, soit
en le pilant dans un mortier, soit en l'écra-
sant avec un rouleau de fer sur une pierre
très dure : pierre et rouleau devaient être
tenus chauds pendant l'opération. Cela fait,
on mêlait à la pâte du sucre pulvérisé, et
lorsque l'incorporation semblait parfaite, le

[1] Page 28.
[2] Tome II, p. 400.

moment était venu d'ajouter au mélange les parfums ordinaires, vanille et cannelle, ambre et musc, tous pulvérisés à part [1].

Vers 1776 un sieur Doret inventa une machine hydraulique qui broyait le cacao et le réduisait en pâte. Son procédé fut approuvé par la Faculté de médecine, et Doret obtint le droit de donner à sa fabrique le titre de manufacture royale.

Le chocolat ne pouvait guère se conserver plus de deux ou trois mois. Passé ce temps, il n'était pas rare de le trouver « piqué ou percé par de petits vers qui s'y engendrent, principalement lorsqu'il est surchargé de sucre. » Pour l'en préserver, il fallait « le tenir enveloppé avec du papier gris dans une boëte et dans un lieu sec [2]. »

La préparation variait suivant les pays. Dans les îles françaises de l'Amérique, on avait des pains de cacao dégraissé que l'on réduisait soi-même en une poudre fine, et à laquelle on incorporait le sucre. On délayait ce mélange avec un œuf frais, et lorsqu'il

[1] Blegny, p. 242. — Sur l'emploi de l'ambre et du musc dans les aliments, voy. *La cuisine*, p. 128 et suiv.

[2] *Nouvelle instruction pour les confitures, les liqueurs et les fruits.* 1715, in-8°, p. 384.

XIII.   11

avait acquis la consistance du miel, on versait sur le tout l'eau ou le lait bouillants[1].
A la Martinique, les Anglais délayaient d'a-
bord l'œuf dans du vin de Madère[2]. En
France, on préparait déjà le chocolat comme
nous le faisons aujourd'hui[3].

Les chocolats de Madrid, de Cadix, d'Italie, de Portugal, puis de Saint-Malo furent
pendant longtemps les plus recherchés. Mais
à la fin du dix-septième siècle, on leur pré-
férait celui de Paris[4]. C'est là que se fabriquait
le meilleur chocolat, c'est là aussi que s'y
fabriquait le moins bon : « Il faut avouer,
écrivait Savary en 1740, qu'il n'y a point de
lieu où il se confectionne de plus mauvais
chocolat qu'à Paris, n'y ayant rien de si ordinaire que d'y être affronté sur cette marchandise, quand pour en avoir meilleur marché,
on l'achète des colporteurs qui le débitent
dans les maisons, et qui vendent pour choco-

---

[1] D. Quelus, *Histoire naturelle du cacao et du sucre*, p.104.
[2] Labat, p. 71.
[3] Dufour (1685), p. 370. — Audiger (1692), p. 263.
[4] « On sera donc averty de ne point user de tous ces
chocolats des Indes ou d'Espagne, de Portugal et de Saint-
Malo, dont les deux premiers ont toûjours passé pour être
les meilleurs. Mais, pour présentement, on doit être seur
qu'il n'y a point de ville au monde où l'on fasse mieux le
chocolat qu'à Paris. » Pomet, liv. VII, p. 207.

lat de méchantes pâtes d'amandes communes, mêlées de quelque rebut de cacao, de vanille et de simple cassonade [1]. »

En 1692, les marchands « renommez pour le bon chocolat » étaient, d'abord le sieur Chaliou, toujours installé dans sa boutique de la rue de l'Arbre-Sec; puis le sieur Rere, rue Dauphine [2], et le sieur Renaud, dont le fils et successeur faisait, trente ans après, chanter par tout Paris les louanges de son chocolat :

. . . .
Voulez-vous entre ces liqueurs
    Que le chocolat brille,
Mettez-y parmi ces odeurs
    Des gousses de vanille.
Souvenez-vous que l'ambre gris
    Entre dans cette masse,
Que c'est ce parfum de grand prix
    Qui lui donne la grâce.

Mais, sans vous tant inquiéter,
    Pour l'avoir agréable
Allez chez Renaud l'acheter,
    On l'y trouve admirable.
C'est chez lui du vrai chocolat
    Que se tient la fabrique :
Le voulez-vous bien délicat?
    Ce marchand est l'unique.

[1] Tome I, p. 324.
[2] *Le livre commode pour* 1692, t. I, p. 303.

Parmi les fabricants de chocolat dont le nom est venu jusqu'à nous, c'est-à-dire parmi ceux qui abusèrent de la réclame, on peut citer encore : le sieur Labastide, établi rue de la Monnaie en 1758, et le sieur Onfroy, qui tenait en 1761 le café Cuisinier [1], sur la place du Pont Saint-Michel.

Le sieur Delondres, épicier droguiste de la rue des Lombards, inventa, vers 1772, le *chocolat homogène, stomachique et pectoral*, ainsi que le *chocolat purgatif*. Le premier se vendait en tablettes et en pastilles. Le second était « d'un usage très commode pour toutes les personnes qu'on peut difficilement résoudre à prendre même les médecines les plus douces [2]. »

Vers le même temps, un médecin de Paris, nommé Lefebvre, faisait annoncer un *chocolat aphrodisiaque ou antivénérien*, « propre à servir de véhicule au sublimé mercuriel [3]. » Avait-il donc dérobé à Blegny son inestimable secret?

---

[1] Voy. ci-dessous le chapitre X.

[2] Voy. les *Affiches, annonces et avis divers*, n° du 3 juin 1772, p. 92.

[3] Voy. les *Affiches, annonces*, etc., n° du 19 janvier 1774, et le *Mercure de France*, n° d'avril 1775, 2ᵉ vol., p. 200, etc., etc.

En 1776, un sieur Roussel insérait dans le *Mercure de France* la réclame suivante :

Le sieur Roussel, marchand épicier dans l'abbaye de Saint-Germain des Prés, cour des religieux en entrant par la rue Sainte-Marguerite, attenant à la fontaine, considérant que l'usage du chocolat devient ordinaire, tant pour la santé que pour l'agrément, assuré d'ailleurs de la bonté de sa fabrique par les témoignages et les applaudissemens de plusieurs personnes de distinction et de goût, qui lui ont conseillé de le faire connoître, il donne avis au public qu'en qualité de citoyen qui veut être utile à ses compatriotes, et pour éviter toute surprise, il fait mettre sur chaque pain de chocolat sortant de sa fabrique l'empreinte de son nom et sa demeure.

Le prix du chocolat de santé de la meilleure qualité est de trois livres avec demi-vanille ; de quatre livres celui qui est à une vanille, et de cinq livres celui qui est à deux vanilles.

Tant pour la facilité que pour l'avantage des personnes de province, le sieur Roussel prévient qu'il fera tous les envois aux mêmes prix ci-dessus, francs de port, pourvu qu'on lui fasse remettre les fonds, et que l'envoi soit de douze livres au moins, avec l'adresse exacte de la destination [1].

En 1777, un Espagnol, le sieur Fernandez, prenait le titre de « fabricant de chocolat de

[1] N° d'avril, p. 195. — Voy. encore le n° du 20 août 1777, p. 136, les *Affiches, annonces*, etc., n° du 7 octobre 1778, etc., etc.

madame la Dauphine et des princes et seigneurs de la Cour [1]. »

Les *Affiches, annonces et avis divers* pu-
bliaient encore cette réclame dans leur numéro du 23 janvier 1782 [2] :

Les personnes qui usent de chocolat, soit par
régime, soit par goût, peuvent actuellement être
pleinement satisfaites sur cet objet, en s'adressant
au sieur Brasselard, marchand épicier et fabricant
de chocolat de S. E. Mgr le cardinal de Luynes,
demeurant à Paris rue de Tournon, au coin de la
rue de Vaugirard. Il seroit difficile, dit-on, de
trouver de chocolat dont la pâte fût plus fine, le
goût et le parfum plus agréables.

Ce fabricant a obtenu de la Société royale de
médecine un certificat conçu en ces termes : « Je
certifie que le sieur Brasselard, marchand épicier
à Paris, ayant présenté à la Société royale de médecine différens échantillons de chocolats qu'il
fabrique, cette compagnie les a jugés bien préparés.
En foi de quoi j'ai signé le présent. Au Louvre,
séance du 20 novembre 1781. Signé : VIC-D'AZYR,
secrétaire perpétuel. »

Il faut affranchir les lettres et l'argent.

La Martinique fut la première de nos colonies où fut cultivé le cacao. Les plants
étaient dissimulés aux étrangers et « cachés

---

[1] *Almanach Dauphin,* art. Limonadiers.
[2] Page 15.

UN ATELIER DE CHOCOLATIER.

D'après l'*Encyclopédie raisonnée*

comme un trésor, » dit le P. du Tertre, parti-
cularité que le gouverneur de l'île ne connut
qu'en 1655 [1]. Cinq ans après, un Juif nommé
Benjamin Dacosta, qui faisait des affaires con-
sidérables avec l'Espagne, l'Angleterre et la
Hollande, songea à y exporter du cacao, et
dans cette intention multiplia à la Martinique
les cacaotiers. Notre compagnie des Indes
occidentales possédait le monopole du commerce avec la France, elle apprit les projets
de Dacosta, s'en émut, et obtint en 1664 un
ordre qui chassait de nos colonies tous les
Juifs. Dacosta se vit donc expulsé, et ses asso-
ciés eurent l'infamie de se partager ses dépouilles [2]. Ce bien si mal acquis leur profita
pendant plus d'un demi-siècle ; mais, en 1727,
une effroyable tempête détruisit tous les cacaotiers existant dans l'île. On en replanta presque
aussitôt. En 1778, la Martinique possédait
1,430,020 pieds de cacao, et en 1775 elle
avait envoyé en France 865,663 livres de
cacao, qui furent vendues 605,964 livres
douze sols [3].

[1] *Histoire générale des Antilles*, 1667, in-4°, t. II,
p. 184.
[2] *Nouveau voyage*, etc., t. VI, p. 6.
[3] G.-Th. Raynal, *Histoire philosophique des deux Indes*,
édit. de 1781, t. VII, p. 78 et 98.

Bertrand Dogeron, le véritable créateur de notre colonie de Saint-Domingue, y introduisit quelques cacaotiers vers 1665. Ils multiplièrent si bien que, quoique le cacao se vendît seulement cinq sous la livre, il devint assez vite une source de richesse pour les habitants. Tous ces arbres furent détruits en 1715 par un ouragan. Cinquante ans plus tard, Saint-Domingue comptait 757,691 cacaotiers, et elle expédiait en France 578,764 livres de cacao, estimées 405,134 livres 16 sols [1].

A Cayenne, les premiers pieds de cacaotiers furent plantés vers 1732, et vingt ans après, l'île exportait 91,916 livres de cacao. En 1775, la France en reçut 15,241 livres, qui furent vendues 10,668 livres 16 sols [2].

S'il faut en croire Bernardin de Saint-Pierre, il n'existait en 1769 qu'un seul cacaotier dans l'île de France; « les fruits, ajoute-t-il, ne mûrissent jamais [3]. »

Au mois de janvier 1777, la Guadeloupe cultivait 449,622 cacaotiers. Deux ans auparavant, elle avait importé en France 102,359

---

[1] Raynal, t. VII, p. 148, 187 et 189.

[2] *Ibid.*, t. VII, p. 28 et 54.

[3] *Voyage à l'île de France*. Dans les *OEuvres*, édit. de 1818, t. I, p. 187.

livres de cacao, qui produisirent 71,651 livres 6 sols [1].

En 1777, il existait à Sainte-Lucie 1 million 945,712 cacaotiers [2].

[1] Raynal, t. VII, p. 121 et 123.
[2] *Ibid.*, t. VII, p. 67.

CHAPITRE VII

HISTOIRE ADMINISTRATIVE DU CAFÉ, DU THÉ ET DU CHOCOLAT.

Origines de la corporation des limonadiers. — Le maître d'hôtel Audiger cherche à obtenir un privilège pour la vente des « liqueurs à la mode d'Italie. » — Opposition du chancelier Séguier. — Création de la communauté des limonadiers. — Produits qu'elle est autorisée à débiter. — Son organisation, ses statuts. — Elle est supprimée en 1704, rétablie en 1705, supprimée de nouveau en 1706, rétablie en 1713. — Le commerce du thé, du café, etc., est affermé au sieur Damame. — Prix fixés par le roi. — La consommation diminue, le sieur Damame doit renoncer à son privilège. — Le monopole est alors accordé à la compagnie des Indes. — Comment son exploitation est réglementée. — On est forcé de revenir au régime de la liberté.

On a vu combien fut peu important, au début, le commerce du café. L'État ne songea donc d'abord ni à l'imposer ni à en réglementer la vente.

Depuis 1634, il existait à Paris une corporation dont les maîtres étaient qualifiés de *Distillateurs et faiseurs d'eau-de-vie et eau-forte.* Leurs premiers statuts, datés du 13 octobre de cette année, furent confirmés en janvier 1637[1] et renouvelés le 5 avril 1639. Les maîtres sont dits alors *Distillateurs d'eau-forte, d'eau-de-vie et autres eaux, esprits, huilles et essences,* et il ressort de leurs statuts qu'ils représentaient assez exactement les industriels qui s'intitulent aujourd'hui fabricants de produits chimiques [2].

Au mois de janvier 1660, Audiger[3], célèbre maître d'hôtel, revenait d'Italie, où il était allé se perfectionner dans l'art culinaire. Ayant obtenu une audience de Louis XIV[4], il pria le roi de vouloir bien lui accorder un privilège pour la vente de « toutes sortes de liqueurs à la mode d'Italie [5]. » Grave affaire! comme on va le voir. Louis XIV, avant d'engager sa parole, voulut consulter le secrétaire d'État Letellier. Justement, Audiger, en partant, le

[1] Les lettres patentes de confirmation nomment les maîtres : *Distillateurs en l'art de chimie et vendeurs d'eau-de-vie.*

[2] Voy. *Recueil des statuts, arrests, sentences et règlemens de la communauté des maîtres distillateurs, marchands d'eau-de-vie et de toutes sortes de liqueurs.* 1740, in-4°.

[3] Voy. ci-dessus, p. 33.

[4] Voy. les *Variétés gastronomiques,* p. 217 et suiv., et ci-dessous, p. 301.

[5] « Tant à la Cour et suite de sa Majesté qu'en tout autre ville du royaume, avec défenses à tous autres d'en vendre ny débiter. »

rencontre sur l'escalier du palais; tous deux remontent chez le roi, et Letellier se charge d'expédier le brevet accordé. Il eut le tort de ne se point presser, et au commencement de l'année 1661, rien n'était fait encore. Mazarin meurt le 9 mars, la Cour se transporte à Compiègne, puis à Fontainebleau où la reine accouche du Dauphin (1er novembre). Audiger peut enfin revoir Letellier, qui lui montre son brevet tout préparé et se fait fort d'obtenir l'assentiment du Conseil. Il l'obtient en effet, et le greffier du Conseil, M. Herval, remet à Audiger la fameuse pièce. Il n'y manquait plus que le sceau.

Le chancelier Séguier reçut fort bien notre solliciteur, mais il lui opposa des difficultés qui équivalaient à un refus. D'où provenait cette hostilité? De ce que le comte de Guiche faisait mauvais ménage avec sa femme. Il convient d'ajouter que le comte de Guiche, dont la femme était petite-fille de Séguier, avait eu la malencontreuse idée d'appuyer la demande faite par Audiger. Celui-ci alla se plaindre au roi. Sa Majesté répondit « qu'Elle en estoit fâchée, mais qu'Elle n'y pouvoit que faire, et qu'il demandât quelqu'autre chose, qu'Elle l'accorderoit. »

Audiger connaissait trop bien la Cour pour insister. Il ajourne ses espérances, et entre au service du comte de Soissons, « en qualité de faiseur de liqueurs. » Puis, épris de gloire militaire, il obtient une lieutenance dans le régiment de Lorraine, et fait la campagne de Lille [1]. Il rentre vainqueur à Paris, troque modestement son épée contre un tablier, et devient officier de cuisine chez le président de Maisons, qu'il quitte bientôt pour entrer comme chef d'office à l'hôtel Colbert. Il conserve cette place pendant deux ans, mais madame Colbert « qui estoit fort changeante, ayant voulu faire maison nouvelle, » Audiger s'attache au duc de Beaufort et l'accompagne en Hollande avec le titre d'officier de cuisine. Aspirant enfin à un repos bien gagné, il ouvre au Palais-Royal une boutique de limonadier.

Il possède bientôt la plus riche clientèle de Paris, fournit la maison du roi et celle des grands seigneurs. On a recours à ses lumières quand on veut « régaler » le souverain. Audiger, bien en Cour, songe alors au fameux brevet auquel ne manque toujours que le sceau royal. Il le confie à M. de Riantz, pro-

[1] En 1666.

cureur du roi au Châtelet, qui a promis de
voir le chancelier d'Aligre. Mais le moment
était mal choisi. La royauté aux abois faisait
argent de tout, et venait d'inaugurer ces
créations de maîtrises et d'offices qui entraî-
nèrent la ruine de toutes les corporations
ouvrières. Les vicissitudes traversées par celle
des limonadiers constituent même un des plus
curieux chapitres de cette lamentable histoire.

L'édit du 21 mars 1673, confirmé le 24 février 1674, érigeait en communauté tous les
métiers restés libres, et leur ordonnait de pro-
céder à la rédaction de leurs statuts. Le roi pro-
mettait de les sanctionner moyennant le paye-
ment d'une taxe fixée d'avance. Les marchands de liqueurs, auxquels on donna le
nom de *Limonadiers marchands d'eau-de-vie* [1],
furent donc invités à verser au Trésor chacun
trois cents livres. Tout naturellement, ils n'en
firent rien, en sorte que Colbert se fâcha, leur
imposa un syndic et quatre jurés, et par arrêt
du 14 décembre 1675 déclara que l'on procé-
derait à la saisie chez les limonadiers qui
n'auraient pas donné un à-compte de cent cinquante livres dès le lendemain. Il fallut bien

[1] Un arrêt du 15 mai 1676 leur réunit l'ancienne communauté des distillateurs dont il a été parlé plus haut.

se décider à obéir, et le 28 janvier 1676 les statuts de la nouvelle corporation étaient approuvés par le roi [1]. Aux deux cent cinquante premiers maîtres on demandait seulement de payer, on n'exigeait d'eux aucune condition d'honorabilité, aucune preuve de capacité professionnelle. Audiger reçut, sans rien verser, une de ces lettres de maîtrise ; mais il aimait trop son métier pour ne pas être indigné de la manière dont on le recrutait, et il écrit à ce propos :

Ainsi on a fait une maistrise [2] de deux cens ignorans [3] ramassez et de la lie du peuple, à cinquante écus chacun pour estre receus. Si j'en avois esté averti, j'en aurois fait la plus jolie des maistrises de Paris, qui auroit esté aimée et considérée de tous les honnestes gens, en y joignant le métier de confiseur plûtost que de vendeur d'eau-de-vie, qui auroit eu pour titre *Marchands de liqueurs et de confitures*, ce qui n'auroit attiré chez eux que de fort honnestes personnes, au lieu que sur le pied de vendeurs d'eau-de-vie, il n'y va que de la canaille. D'ailleurs, cent maistres établis comme je viens de dire auroient donné cent mille francs au Roy pour Paris seulement, sans compter ce qu'au-

[1] Ils ne furent enregistrés au parlement que le 27 mars. — Voy. ci-dessous, p. 297.
[2] On a constitué en corporation.
[3] L'article 11 des statuts dit 250.

roient pû produire les autres villes du royaume, et
les quatre cens[1] établis autrement n'ont pas donné
tous ensemble plus de dix à douze mille francs au
Roy, parce que ce sont des ignorans sans cœur et
sans résolution, qui à leur barbe laissent manger
leur pain par les Arméniens, et qui par le tour-
ment que leur fait sans cesse M. de la Reynie[2],
sont mocquez et méprisez de tout le monde[3].

Les Arméniens, dont Audiger parle ici avec
tant d'aigreur, sont les débitants de café, qui
venaient d'être compris dans la nouvelle communauté. En effet, les articles 2, 3 et 4 de ses
statuts[4] déterminent ainsi les produits que les
maîtres étaient autorisés à débiter :

Vins d'Espagne.
Vins muscats.
Vin de Saint-Laurens[5] et de la Cioutat[6].

[1] Ce chiffre ferait supposer que l'on plaça cent cinquante
lettres de maitrise en province.
[2] Lieutenant de police.
[3] *La maison réglée,* p. 183.
[4] *Statuts et ordonnances pour la communauté des maîtres
limonadiers-marchands d'eau-de-vie de la ville, fauxbourgs
et banlieuë de Paris.*
[5] Vin muscat de Provence. Gui Patin le met sur la même
ligne que les vins de Paris, de Bourgogne et de Champagne
(*Lettre* du 28 novembre 1669, t. III, p. 716.) — Mme de
Sévigné ne l'appréciait pas moins, déclarait qu'il « ne se
pouvoit payer. » *Lettre* du 22 décembre 1675, t. IV, p. 295.
[6] Vin muscat de la Ciotat, près de Marseille. Gui Patin
écrivait « vin de la Cioutad. »

Vins de la Malvoisie [1] et tous les vins compris sous le nom et la qualité de vins de liqueurs.

Ensemble composer et vendre toutes sortes de :

Rossoly [2].

Populo [3].

Esprit de vin et autres liqueurs et essences de pareille qualité.

Toutes limonades ambrées, parfumées [4].

Eaux de gelées [5].

Glaces de fruits et de fleurs [6].

[1] On appelait ainsi le vin fait à Candie. Mais le malvoisie consommé en France y était le plus souvent fabriqué. Olivier de Serres nous apprend qu'il y entrait du miel longuement bouilli dans l'eau au bain-marie, du jus de houblon, de l'eau-de-vie, du sel de tartre et de la lie de bière. (*Théâtre d'agriculture*, édit. de 1617, p. 751.)

[2] Le rossoli le plus estimé venait de Turin, mais il s'en fabriquait beaucoup en France. Dans celui qui était destiné à Louis XIV, il entrait des semences d'anis, de fenouil, d'aneth, de coriandre et de carvi, que l'on pilait et qu'on laissait macérer au soleil pendant trois semaines dans un vaisseau de verre rempli d'eau-de-vie et bien bouché. On passait ensuite au papier gris, et l'on ajoutait au breuvage ainsi obtenu du sirop de camomille. (*Journal de la santé de Louis XIV*, p. 435.) — L'excellence de cette liqueur lui avait fait donner son nom de *ros solis*, rosée du soleil.

[3] Mélange d'esprit-de-vin, de sucre, de clous de girofle, de poivre long, d'anis, de coriandre, d'ambre et de musc. (La Varenne, *Le parfaict confiturier*, p. 115.)

[4] Sur l'emploi des parfums à cette époque, voy. *La cuisine*, p. 128 et 259.

[5] On faisait des eaux glacées de cerises, de fraises, de framboises, de groseilles, etc. Voy. *Nouvelle instruction pour les confitures, les liqueurs et les fruits*, p. 300 et suiv.

[6] On trouve dans Audiger (p. 232) le procédé *pour faire*

Eaux d'anis [1].

Eaux de cannelle [2].

Eaux de franchipane [3].

Aigre de cèdre [4].

Sorbec [5].

Caffé en grain, en poudre et en boisson.

Cerises, framboises et autres fruits confits dans l'eau-de-vie.

Noix confites.

Dragées en détail.

---

glacer toutes sortes de fleurs et de fruits pour paroistre dans les grands repas et en augmenter l'ornement. Audiger signale les propriétés réfrigérantes du sel.

[1] « Prenez une poignée d'anis, et après l'avoir nettoyé, mettez-le infuser dans une pinte d'eau avec un quarteron de sucre. Quand elle aura suffisamment pris le goût, passez-la à la chausse et la faites glacer ou rafraîchir. » (*Nouvelle instruction pour les confitures*, etc., p. 309.)

[2] « Vous prendrés trois pintes d'eau boüillie, un demi septier d'essence de canelle distillée; si elle n'est pas assez forte de canelle, vous y en augmenterés suivant que vous l'aimerés. Vous y mettrés ensuite cinq demi septiers ou trois chopines d'esprit de vin que vous meslerés avec l'eau et l'essence de canelle, avec une pinte de sucre clarifié; puis vous passerés le tout à la chausse. » (Audiger, p. 209.)

[3] Ou mieux de frangipane, parfum inventé par un Italien, le marquis Frangipani, « seigneur romain, mareschal de camp des armées du Roy, parent de sainct Grégoire le Grand et un des plus honnestes hommes du monde. » (Extrait d'une lettre écrite à Mme Desloges par Balzac, le 11 mai 1634. Dans les *OEuvres*, t. I, p. 303.)

[4] Boisson raffraichissante faite avec des cédrats et des limons.

[5] Boisson composée de citrons, de musc, d'ambre et de sucre.

Quatre jurés, élus pour deux ans, devaient administrer la communauté [1]. Ils étaient tenus de faire, au moins deux fois par an, la visite de chaque boutique [2].

Comme on l'a vu, les deux cent cinquante premiers maîtres devaient acheter du roi leur droit d'exercer [3]. Mais aussitôt que ces deux cent cinquante lettres de maîtrise auraient été placées, nul ne serait plus reçu maître qu'après avoir fait trois ans d'apprentissage [4].

Chaque maître ne pouvait avoir à la fois qu'un seul apprenti [5].

Les fils de maître étaient dispensés de l'apprentissage [6]. Les ouvriers épousant une fille de maître étaient dispensés seulement du chef-d'œuvre. La nature du chef-d'œuvre n'est point indiquée [7].

La profession de limonadier devint si fructueuse et la communauté prit une si rapide extension que le roi se repentit d'avoir cédé

[1] Article 6.
[2] Article 8.
[3] Article 11.
[4] Article 9.
[5] Article 10.
[6] La sentence de police du 24 octobre 1698, confirmée par arrêt du 9 avril 1699, ne dispense pas de l'apprentissage les enfants nés avant la maîtrise de leur père.
[7] Article 13.

chaque lettre de maitrise pour cinquante écus
seulement. Que fit-il? Un édit de décembre
1704 ordonna de rembourser les maîtrises
achetées en 1676, et supprima la corporation.
Bien entendu, on la reconstituait aussitôt sous
une autre forme. Il était créé pour Paris cent
cinquante charges de limonadier, nombre qui
ne devait jamais et sous aucun prétexte être
dépassé, et tout individu voulant s'établir
était tenu d'acheter une de ces charges. Elle
devenait dès lors sa propriété, et il pouvait
en disposer à son gré [1]. En somme, c'est exactement ce qui se pratique aujourd'hui pour les
notaires, les agents de change, etc.

Grand émoi parmi les limonadiers, qui se
voyaient forcés de renoncer à leur commerce
ou d'acheter une des nouvelles charges. Les
avantages qu'elles présentaient étaient immenses, puisque les cent cinquante titulaires
concentreraient désormais dans leurs mains
tout ce commerce pour Paris, et n'auraient
plus à redouter aucune concurrence. Mais

[1] *Édit du Roy portant suppression des communautez de
limonadiers-marchands d'eau-de-vie et autres liqueurs, établis tant à la ville de Paris que dans les autres villes du
royaume. Et création de cent cinquante privilèges héréditaires de marchands limonadiers-vendeurs d'eau-de-vie,
esprit de vin et liqueurs à Paris.*

aussi quel allait être le prix de ces charges?
Les limonadiers négocièrent avec le fisc, offrirent de lui payer solidairement deux cent mille
livres, à condition que leur communauté fût
respectée. Le roi ne demandait pas autre
chose : un édit de juillet 1705 révoqua celui
de l'année précédente et restitua à la communauté son organisation primitive [1]. Il étendit
même son privilège, et elle obtint le droit de
débiter plusieurs produits qui n'avaient pas
été mentionnés dans les statuts de 1676!
C'étaient :

La fenouillette [2].
Le vatté [3].
L'eau de Cette [4].
L'eau de mille fleurs [5].

[1] *Édit du Roy, qui révoque l'édit du mois de décembre
1704, portant suppression de la communauté des limonadiers à Paris, et création de cent cinquante priviléges héréditaires de marchands limonadiers dans la ville, portées
par icelui. Et ordonne que ladite communauté des limonadiers marchands d'eau-de-vie établie en ladite ville demeurera en l'état où elle est, avec faculté de vendre et débiter,
à l'exclusion de tous autres, toutes sortes de liqueurs, et de
donner de l'eau-de-vie à boire dans leurs boutiques.*

[2] Eau-de-vie distillée avec du fenouil, plante qui passait
pour faciliter la digestion.

[3] Liqueur très forte et qui se buvait très chaude, c'est
tout ce que j'en sais.

[4] On nommait ainsi l'eau-de-vie fabriquée à Cette.

[5] Rossoli particulier, dans la composition duquel il entrait
une foulé de fleurs.

L'eau de genièvre [1].

L'eau cordiale [2] et toutes sortes d'eaux composées avec eau-de-vie et esprit-de-vin.

L'hipocras d'eau et de vin [3].

Le chocolat en pain, en tourteau et en dragées.

Le thé en feuilles.

Le cacao et la vanille.

Ils étaient en outre autorisés à « faire et composer le chocolat [4]. »

Malgré l'accroissement qu'ils pouvaient ainsi donner à leurs affaires, les limonadiers avaient trop présumé de leur force en offrant au roi deux cent mille livres. Un an après, 160,209 livres seulement étaient versées au Trésor, et la communauté lui devait encore 39,791 livres, non compris « les deux sols pour livre. » Le roi refusa de lui accorder du temps, et il réclama l'exécution de ses enga-

---

[1] Eau-de-vie distillée avec des baies de genièvre.

[2] Inventée par un médecin de Genève nommé Colladon. Il y entrait de l'alcool, du sucre, de l'eau de mélisse et surtout de l'écorce de citron.

[3] La fabrication de l'hypocras a varié sans cesse. Voy. *Les repas*.

[4] Avec ou sans autorisation, les limonadiers en composaient déjà en 1682. Dans *Arlequin lingère du Palais*, pièce de Dancourt, jouée le 4 octobre de cette année, Arlequin, déguisé en limonadier, crie au public : « Des biscuits, de la limonade, des macarons, du caffé, du chocolat à la glace ! » Scène 1. Voy. le *Théâtre de Gherardi*, t. I, p. 64.

gements avec d'autant plus d'insistance qu'il méditait une combinaison avantageuse. Un édit de septembre 1706 supprima donc de nouveau la communauté et, revenant à son ancien projet, créa cinq cents charges héréditaires. Mais, aux termes de l'édit, celles-ci allaient être « d'un prix si modique que ceux qui ont intérêt de continuer le commerce de limonadier pourront aisément les acquérir [1]. » C'était là, comme on va le voir, hâblerie de marchand vantant sa marchandise.

Le roi s'entendit avec un traitant, nommé Lescuyer, qui remboursa aux intéressés les 160,000 livres versées et se chargea de détailler les cinq cents nouvelles charges. Il n'y réussit point. En 1713, il n'en avait encore placé que cent trente-huit, dont vingt et une avaient été achetées par des vinaigriers et des épiciers, quarante-cinq par des gens de diverses professions, et soixante-douze par des maîtres appartenant à la communauté supprimée. Celle-ci était, en effet, « absolument détruite

---

[1] *Édit du Roy portant suppression de la communauté des marchands d'eau-de-vie rétablie par édit du mois de juillet 1705, et création de cinq cens privilèges héréditaires de marchands d'eau-de-vie, esprit de vin et toutes sortes de liqueurs dans la ville et fauxbourgs de Paris, lesquels privilégiez feront communauté.*

par les différens changemens qu'elle avoit subis,
et livrée à la poursuite de créanciers préten-
dant avoir action sur les biens propres et particuliers de chacun des maîtres anciens et
nouveaux [1]. » Toutes les corporations ouvrières en étaient là, ou à peu près. Et qu'avaient
rapporté au Trésor tant de ruines accumulées ?
Trois milliards 460 millions de dettes, et pour
y faire face, à peine 800,000 livres en argent
comptant [2]. Enfin, un édit de novembre 1713
rétablit « la communauté des maitres limonadiers-vendeurs d'eau de vie, esprit de vin et
autres liqueurs » telle qu'elle était avant l'édit
de 1704 [3].

Mais le roi ne se bornait pas à pressurer les
limonadiers, il cherchait en même temps, et
avec aussi peu de succès, à faire produire le
plus d'argent possible aux nouveaux breuvages
dont ses sujets paraissaient si épris. Un édit de
janvier 1692 s'attendrit sur le triste sort des vi-
gnerons, déclare que l'on ne consomme presque
plus de vin en France, que « les boissons de

---

[1] Édit de novembre 1713. Voy. ci-dessous.

[2] Sur tout ceci, voy. *Comment on devenait patron*, p. 209
et suiv.

[3] *Édit du Roy portant rétablissement de la communauté
des limonadiers à Paris. Donné à Versailles, au mois de
novembre* 1713.

caffé, thé, sorbec et chocolat sont devenues si communes que les droits d'aydes[1] en souffrent une diminution considérable[2]. » Cette ridicule assertion avait pour seul objet de monopoliser la vente du café au profit du Trésor. « Ne voulant pas, dit le roi, priver nos sujets de l'usage de ces boissons, que la plûpart jugent utiles à la santé, nous nous sommes proposé d'en tirer quelque secours dans l'occurrence de la présente guerre[3]. » Elles seront donc désormais affermées. Le fermier avec qui l'État traitera aura le privilège exclusif de ces produits; nul ne pourra les débiter sans son autorisation écrite, et renouvelable tous les ans moyennant trente livres[4]. Les « vagabonds et gens sans aveu » qui tenteraient de faire entrer dans le royaume du café, du thé, etc., sont menacés du carcan, du fouet et des galères[5]. Le café en fèves ne pourra être vendu plus de quatre francs la livre[6] ; le

[1] Impôts indirects.
[2] Préambule.
[3] *Édit du Roy, portant règlement pour la vente et distribution du caffé, du thé, chocolat, cacao et vanille.* 1692, in-12.
[4] Article 1.
[5] Article 9.
[6] Il se vendait alors « vingt-sept à vingt-huit sols. » Voy. ci-dessous, p. 314, le préambule de l'arrêt du 19 août 1692.

thé plus de cent francs pour le meilleur, cinquante francs pour le médiocre, trente francs
pour le commun ; le sorbec et le chocolat
plus de six francs ; le cacao plus de quatre
francs ; la vanille plus de dix-huit francs « le
paquet composé de cinquante brins. » En
revanche, les marchands de boissons au détail
ne devront en aucun cas augmenter leurs prix
actuels, savoir : La « prise » de café et celle
de thé, 3 sols 6 deniers ; celle de chocolat et
de sorbec, 8 sols : « le tout à peine de concus-
sion [1]. »

Avant même que cet édit eût été enregistré,
un arrêt du Conseil [2], daté du 22 janvier,
concédait pour six années au sieur François
Damame, bourgeois de Paris, « le privilège
de faire vendre et débiter seul, à l'exclusion
de tous autres, tous les caffez tant en fèves
qu'en poudre, le thé, les sorbecs et les chocolats tant en pain, roullots, tablettes, pastilles
que de toutes manières qu'il soit mis, ensemble les drogues dont il est composé, comme le
cacao et la vanille. » Il n'est accordé aux dé-
tenteurs actuels qu'un seul jour pour faire leur

[1] Article 12.
[2] *Arrest du Conseil d'État du Roy concernant la vente du
caffé, du thé, du sorbec et du chocolat.* 1692, in-4°.

déclaration au sieur Damame, et afin que son
monopole soit plus aisé à exercer et les fraudes
plus aisées à prévenir, le café n'est admis à
pénétrer en France que par le port de Marseille. Puis, comme ces mesures sont encore
insuffisantes, comme beaucoup de particuliers,
de grands personnages même, « font entrer
dans le royaume des caffé, thé, etc., par la
facilité qu'ils ont de se retirer dans des châ-
teaux, maisons royales, mesme dans celles des
princes, seigneurs et autres personnes consi-
dérables, convens, communautez et autres
lieux prétendus privilégiez, dans lesquels ils
font des magazins des dites marchandises en
toute liberté, et en font ensuite la vente et
distribution, ce qui fait un préjudice considérable aux droits de la ferme des dites marchandises, » celle-ci, représentée par le sieur
Damame, se voit autorisée à envoyer ses commis perquisitionner dans tous les lieux ci-dessus
désignés, à charge pour chacun d'eux d'être
accompagné par un commissaire au Châtelet,
qui ne pourra d'ailleurs refuser en ce cas son
ministère [1].

[1] *Arrest du Conseil d'État du Roy qui ordonne l'exécution
des édits, arrest et réglemens pour la vente et distribution
du caffé, thé et chocolat.* 1692, in-4°. Voy. ci-dessous, p. 310.

Il semble que, si bien soutenue, l'entreprise
eut dû prospérer; il n'en fut rien. L'énorme
augmentation des prix [1] avait ralenti la consommation et encouragé la fraude, double
cause de préjudice qui découragea le soumis-
sionnaire. Il se décida donc à demander au
roi, comme une faveur, de vouloir bien révoquer le privilège dont il jouissait depuis l'année
précédente, et un arrêt du 12 mai 1693 rendit
libre le commerce du café, du thé, du chocolat, du sorbec, du cacao et de la vanille [2].

[1] Un arrêt du 19 août 1692 avait cependant réduit le
prix du café. « Sa Majesté, y est-il dit, ayant par son édit
du mois de janvier dernier fixé le prix du caffé [il n'est
question ici ni du thé ni du chocolat] à la somme de quatre
francs la livre, au lieu qu'auparavant il ne se vendoit au
public par les négocians que vingt-sept à vingt-huit sols; ce
qui auroit tellement diminué la consommation que la plus
grande partie de ceux qui en prenoient s'en abstiennent: en
sorte que si les choses demeuroient au mesme état, la consommation en diminueroit journellement, ce qui causeroit
un préjudice considérable à sa Majesté, tant pour les
droits d'entrée dans le royaume que pour la ferme particulière du sieur Damame; et en mesme temps, le public seroit
privé de l'usage dudit caffé, qui d'ailleurs est utile à la
santé... » En raison de quoi le prix est abaissé à cinquante
sous la livre. *Arrest du Conseil d'État du Roy qui réduit et
modère le prix du caffé à la somme de cinquante sols la
livre, y compris le prix du marchand et autres droits.* 1692,
in-4°.

[2] *Arrest du Conseil d'État du Roy qui révoque le privilège pour la vente du caffé, thé, sorbec, chocolat, cacao et
vanille, établi par édit du mois de janvier 1692.* 1693,

Les droits d'entrée furent alors augmentés, et pour en faciliter la perception, Marseille resta la seule ville ouverte à l'importation [1]. Les autres ports protestèrent, mais vainement. Vingt-sept ans plus tard, il fallut un arrêt spécial pour autoriser la vente de quinze cents balles de café apportées de Moka par un navire de Saint-Malo [2].

Le régime de liberté inauguré par l'arrêt du 12 mai 1693 ne fut pas de longue durée. En 1723, la compagnie des Indes était sur le point de faire faillite, et le gouvernement, complice des fautes qu'elle avait commises, s'efforçait de lui venir en aide. La compagnie possédait déjà la ferme du tabac, on lui accorda celle du café. « Ce à quoy sa Majesté s'est d'autant plus volontiers portée, dit l'arrêt du 31 août 1723, que l'usage de cette marchandise n'intéresse en rien les besoins de la vie, et

in-4°. — Dans cet arrêt, le traitant est nommé Damaine, tandis que toutes les pièces précédentes portent Damame. Voy. ci-dessous, p. 316.

[1] « Veut et entend sa Majesté qu'à l'avenir, et à compter du jour de la publication du présent arrest, le caffé ne puisse entrer dans le royaume que par la ville de Marseille. »

[2] *Arrest du Conseil d'État du Roy qui permet aux directeurs intéressez en l'armement du vaisseau nommé* La paix *de vendre pour la consommation du royaume les quinze cens balles de caffé dont il est chargé.* 27 août 1720.

que sur le pied que le caffé s'est vendu depuis quelque temps et qu'il se vend encore actuellement, la concession de ce privilège n'en augmentera pas le prix, puisqu'il ne pourra estre porté à plus de cinq livres la livre [1]. »

Une Déclaration confirmative, donnée le 10 octobre suivant et composée de trente-sept articles, réglementa minutieusement l'exploitation de ce privilège [2].

Il y est défendu à toute personne, de quelque qualité et condition qu'elle soit, de faire le commerce du café soit en gros soit en détail, même de le transporter d'un endroit à un autre dans toute l'étendue du royaume, sous peine d'une amende de mille livres [3].

Le café ne pourra être vendu plus de cent sous la livre. La vente en sera faite exclusivement dans les bureaux de la compagnie, par sacs de deux livres ou d'une livre et demie, « cachetez des cachets de ladite compagnie [4]. »

---

[1] *Arrest du Conseil d'État du Roy qui accorde à la compagnie des Indes le privilège exclusif de la vente du caffé.* 1723, in-4°.

[2] *Déclaration du Roy qui règle la manière dont la compagnie des Indes fera l'exploitation de la vente exclusive du caffé.* 1723, in-4°.

[3] Article 2.

[4] Article 3.

Tous particuliers convaincus d'avoir contrefait ces cachets payeront une amende de trois mille livres, « applicable moitié au dénonciateur, moitié à l'hôpital le plus prochain du lieu de la confiscation [1]. »

L'entrée du café en France n'est autorisée que par le port de Marseille [2]. Les balles ne seront déchargées qu'après déclaration faite au commis de la compagnie des Indes [3].

Les commis préposés à la vente du tabac pourront y joindre celle du café sans prêter un nouveau serment [4].

Défense est faite à toute personne d'acheter du café en fraude. Sont déclarés cafés en fraude ceux qui ne portent pas les cachets de la compagnie [5].

Tout individu convaincu d'avoir vendu ou possédé du café en fraude sera puni d'une amende de mille livres. S'il se trouve hors d'état de payer ladite amende, elle sera convertie, « sçavoir : en la peine des galères à l'égard des vagabonds et gens sans aveu, artisans, gens de métier, facteurs, messagers, voi-

---

[1] Article 5.
[2] Article 8.
[3] Article 10.
[4] Article 19.
[5] Article 23.

turiers, crocheteurs, gens de peine, gens repris
de justice, matelots et autres personnes de
cette qualité ; en la peine du fouet et du bannissement de la province pour cinq ans à
l'égard des femmes et filles de pareille qualité.
Et en cas que lesdits condamnez se trouvent
incapables de nous servir dans nos galères, ils
seront fustigez, flétris et bannis pour cinq
ans [1]. »

Il est permis « aux commis et gardes de la
compagnie de faire toutes visites, perquisitions
et recherches dans les magasins, boutiques,
hôtelleries et maisons des négocians et marchands, même dans nos places, chasteaux et
maisons royales, et dans celles des princes et
seigneurs, convens, communautez et autres
lieux prétendus privilégiez [2]... Enjoignons
aux gouverneurs, capitaines, concierges et
autres officiers desdites places, chasteaux,
maisons royales, de celles des princes et seigneurs, aux chefs et supérieurs des maisons
religieuses, communautez et autres lieux prétendus privilégiez de faire faire ouverture desdites maisons et lieux toutes fois et quantes

---

[1] Articles 24 et 25.
[2] Sur les lieux dits privilégiés, voy. *Comment on devenait patron*, p. 230 et suiv.

qu'ils en seront requis... Et en cas de refus, permettons de les faire ouvrir par un serrurier ou autre ouvrier, en présence du premier juge sur ce requis [1]. »

La compagnie est dispensée d'employer le papier timbré pour les actes concernant la vente du café [2], et tous les règlements relatifs à la vente du tabac pourront être appliqués à celle du café s'ils ne sont point contraires à la présente déclaration [3].

Ce monopole si méticuleusement protégé n'enrichit point la compagnie des Indes. Elle s'aperçut bientôt que le produit n'en couvrait pas les frais. Il fallut revenir au régime de la liberté ; mais des droits d'entrée, assez faibles pour ne pas entraver la consommation, continuèrent, bien entendu, à être perçus au profit du Trésor.

[1] Article 32.
[2] Article 36.
[3] Article 37.

CHAPITRE VIII

LE CAFÉ A PARIS DE 1720 A 1760

Les *Lettres persanes*. — Le café détrône le cabaret. — L'esprit et la conversation au dix-huitième siècle. — Les cafés deviennent centres d'opposition politique. — Ils sont surveillés de près par la police. — Le jeu y est défendu. — Description des cafés de Paris en 1723, en 1726, en 1740 et en 1752. — Ils sont décorés avec luxe. Ce qu'on y voit, ce qu'on y entend. — *Le séjour de Paris*, par J.-C. Nemeitz. — *La valise trouvée*, de Lesage. — Passion de Louis XV pour le café. — Il prépare lui-même son café. — Souper de Louis XV au château de Dampierre. — « La France, ton café f... le camp. » — Cafetières d'or achetées par le roi. — Un industriel préconise le café obtenu par infusion. — C'est de café bouilli qu'usèrent Buffon, Delille, Diderot, Voltaire, etc.

Deux ans avant que la compagnie des Indes eût monopolisé le commerce du café [1], Usbek écrivait à son ami Rhedi : « Le caffé est très en usage à Paris ; il a y un grand nombre de maisons publiques où on le distribuë. Dans quelques unes de ces maisons, on dit des nou-

---

[1] La première édition des *Lettres persanes* parut à Amsterdam en 1721.

velles, dans d'autres on joue aux échets. Il y
en a une où l'on aprête le café de telle manière
qu'il donne de l'esprit à ceux qui en prennent : au moins, de tous ceux qui en sortent,
il n'y a personne qui ne croye qu'il en a quatre
fois plus que lorsqu'il y est entré [1]. »

C'était une réalité, non une illusion, et nous
avons vu le café accomplir le même prodige
partout où il avait pénétré. Il fit mieux encore
à Paris. On va l'y voir opérer une véritable
révolution dans les mœurs, et en même temps
vivifier de sa puissante influence la société la
plus spirituelle peut-être qui ait jamais existé.
En 1723, trois cent quatre-vingts cafés [2] ouverts à la causerie luttent contre le hideux
cabaret où les grands seigneurs, bravant jusqu'à la réprobation du roi, allaient par mode
et par goût s'enivrer noblement et abominablement. Au vin, qui pervertit la raison et
allume les passions brutales, va peu à peu
succéder l'action bienfaisante du breuvage
enchanté qui stimule les facultés intellectuelles
et échauffe le cerveau sans le troubler.

---

[1] *Lettres persanes*, lettre 34 des éditions de 1721, 36 des
éditions postérieures.

[2] Savary, *Dictionnaire du commerce*, édit. de 1723, t. II,
p. 424.

Jamais, écrit Michelet, la France ne causa plus et mieux. Il y avait moins d'éloquence et de rhétorique qu'en 89. Rousseau de moins. On n'a rien à citer. L'esprit jaillit, spontané, comme il peut.

De cette explosion étincelante, nul doute que l'honneur ne revienne en partie à l'heureuse révolution du temps, au grand fait qui créa de nouvelles habitudes, modifia les tempéraments mêmes : l'avènement du café.

Le cabaret est détrôné, l'ignoble cabaret où, sous Louis XIV, se roulait la jeunesse entre les tonneaux et les filles. Moins de chants avinés la nuit, moins de grands seigneurs au ruisseau...

Le café, la sobre liqueur, puissamment cérébrale qui, tout au contraire des spiritueux, augmente la netteté et la lucidité, ce café qui supprime la vague et lourde poésie des fumées d'imagination; qui, du réel bien vu, fait jaillir l'étincelle et l'éclair de la vérité ; le café anti-érotique, imposant l'alibi du sexe par l'excitation de l'esprit...

Le fort café de Saint-Domingue, bu par Buffon, par Diderot, par Rousseau, ajouta sa chaleur aux âmes chaleureuses, à la vue perçante des prophètes assemblés dans l'antre de Procope, qui virent au fond du noir breuvage le futur rayon de 89[1].

La plupart des cafés constituaient, en effet, des centres d'opposition où les actes du gouvernement étaient souvent l'objet de violentes critiques. Le 27 décembre 1685, Seignelay

---

[1] *La Régence*, édit. de 1874, p. 135.

envoyait à La Reynie la lettre suivante :
« Le Roy a esté informé que dans plusieurs
endroits de Paris, où l'on donne à boire du
caffé, il se fait des assemblées de toutes sortes
de gens, et particulièrement d'estrangers. Sur
quoy sa Majesté m'ordonne de vous escrire de
m'envoyer un mémoire de tous ceux qui en
vendent et de vous demander si vous ne croi-
riez pas qu'il fust à propos de les en empescher
à l'avenir [1]. » Pontchartrain mandait encore,
le 28 septembre 1701, à d'Argenson, alors
lieutenant général de police : « Vous me
parlez d'une limonadière hollandoise qui tient
sa boutique devant la porte de la Comédie, où
beaucoup d'étrangers se rassemblent [2]. Le Roy
est curieux de sçavoir si cette femme est natu-
ralisée et à quel titre elle tient cette boutique,
et pourquoy vous ne l'avez pas fait fermer,
puisqu'on s'y conduit si mal. Vous avez bien
fait d'introduire des inspecteurs dans les principaux caffés [3]. »

La police ne se bornait pas toujours à

---

[1] *Bulletin de la Société de l'histoire de Paris,* n° de mai-
juin 1892, p. 79.

[2] C'est à elle, je crois, que Procope acheta le café dont
j'ai parlé plus haut. Voy. p. 46.

[3] G.-B. Depping, *Correspondance administrative sous
Louis XIV,* t. II, p. 739.

fermer les établissements suspects. L'avocat
Barbier écrivait l'année suivante dans son
Journal, à la date du 24 avril : « On ne
veut pas que l'on parle dans les cafés. Effec-
tivement, comme il n'y a que du mal à dire,
que tout le monde ressent, on se lâchoit
un peu fortement dans les cafés de nouvellistes sur le gouvernement. Dimanche dernier,
à huit heures du matin, on a pris dans mon
quartier M. Denoux, procureur de la Cour,
que l'on a mené à la Bastille. Il alloit ordinairement au café qui est sur le Quai-Neuf, contre
la Grève, et y parloit un peu. Heureusement
pour lui qu'il est procureur de M. d'Argenson,
qui est commissaire de la Bastille. Il a été
interrogé hier, et il n'y restera pas longtemps.
La lettre de cachet étoit signée de M. le cardinal Dubois[1]. »

On n'évitait même pas les petits désagré-
ments de ce genre en remplaçant la conversation par le jeu, car la police avait depuis
longtemps interdit cette distraction dans
les lieux publics. Les sentences du 18 décembre 1699, du 18 février 1718, du 24 juillet
1720 défendaient « à tous limonadiers, ven-

[1] Tome I, p. 214.

deurs de caffé, traiteurs, cabaretiers, auber-
gistes, vendeurs de bierre et eau-de-vie de
donner à jouer dans leurs boutiques, arrières-
boutiques, salles, chambres et cabinets, à aucuns jeux, soit à pair ou non, dez ou de cartes,
aux dames, échecs, solitaire, etc.., quand bien
même ils prétendroient qu'on n'y joue point
d'argent. » Le 19 juillet 1720, deux commissaires s'étant transportés rue de l'Arbre-Sec,
au café Buffet, trouvèrent « autour de la
première table à droite en entrant douze personnes qui tenoient à mains pleines de la
menue monnoie, avec laquelle ils jouoient à
pair ou non, et en d'autres mains des billets
de banque, dont eux commissaires n'ont pu
distinguer les quantitez, les particuliers qui
les tenoient les ayant sur-le-champ cachez
dans leurs chapeaux. Et ont ensuite remarqué
qu'à la table du fond à main gauche il y avoit
plusieurs particuliers qui jouoient aux échecs.
Desquelles contraventions lesdits commissaires ont dressé leur procès-verbal[1]. » La
veuve Buffet fut condamnée seulement à dix
livres d'amende, mais on la menaça de fermer
sa boutique s'il y avait récidive..

---

[1] *Sentence de police qui défend à tous limonadiers, etc.,
de donner à jouer chez eux.* 24 juillet 1720, in-4°.

Sur l'état des cafés à cette époque, nous possédons plusieurs documents curieux, rédigés par des témoins oculaires. Le premier en date est le commissaire Savary des Brûlons, qui publia en 1723 son grand *Dictionnaire du commerce* [1]. Au mot *caffé*, il nous révèle sur ces établissements quelques particularités intéressantes et il célèbre le luxe déployé par leurs propriétaires :

Le caffez de Paris, écrit-il, sont pour la plupart des réduits magnifiquement parés de tables de marbre, de miroirs et de lustres de cristal, où quantité d'honnêtes gens de la ville s'assemblent, autant pour le plaisir de la conversation et pour y apprendre des nouvelles, que pour y boire de cette boisson, qui n'est jamais si bien préparée que lorsqu'on la fait préparer chez soi. Les marchands de caffé en envoyent aussi par la ville, avec un cabaret portatif. Et même les dames de la première qualité font très souvent arrêter leur carrosse aux boutiques des caffez les plus fameux, où on leur sert à la portière sur des soucoupes d'argent [2].

[1] Deux volumes in-folio. Il a eu plusieurs éditions.

[2] Édition de 1723, t. I, col. 515. — Sur l'habitude qu'avaient les femmes de se faire ainsi servir aux portes des cafés, voy. une anecdote relative à madame de Feuquières, qui est racontée par M. de Boisjourdain, dans ses *Mélanges historiques, satiriques et anecdotiques,* 1807, in-8°, t. III, p. 86. Je n'en garantis pas du tout l'authenticité.

Un tableau plus complet et plus mouvementé nous est fourni par un érudit allemand, Joachim Nemeitz. Successivement précepteur de plusieurs petits princes, il fut chargé de leur faire connaître les principales villes de l'Europe, et parcourut avec eux la Hollande, l'Angleterre et la France. Paris semble l'avoir surtout charmé ; il y séjourna deux fois, et eut l'idée de publier les notes qu'il avait prises au cours de ces deux voyages. Son livre, imprimé à Leipzig en 1726, fut l'année suivante traduit en français sous ce titre assez original pour que je le reproduise en entier :

SÉJOUR DE PARIS, *c'est-à-dire instructions fidèles pour les voiageurs de condition, comment ils se doivent conduire s'ils veulent faire un bon usage de leur tems et argent durant leur séjour à Paris; comme aussi une description suffisante de la Cour de France, du Parlement, de l'Université, des académies et bibliothèques; avec une liste des plus célèbres savans, artisans et autres choses remarquables qu'on trouve dans cette grande et fameuse ville.*

Par le S^r J-C. Nemeitz, conseiller de S. A. S. Monseigneur le Prince de Waldeck.

Ouvrage très curieux, composé principalement en faveur et pour l'usage des voyageurs; enrichi de quantité de belles notes et figures. Avec une table complette des matières.

Le chapitre XIII est intitulé : *De la fréquen-tation des caffez, comme aussi des jeux de paume et des billards*.

L'auteur s'y exprime ainsi :

C'est une mode presque générale à Paris que de prendre une tasse de caffé après le dîné. Je ne prétens prouver que cette boisson est trop saine : elle fait du bien à quelques-uns, à d'autres du mal. L'on estime que le caffé est un bon remède pour chasser la mélancholie ; témoin une certaine dame qui, appre-nant que son époux avoit été tué en june bataille, s'écria : « Ah ! malheureuse que je suis ! vîte, vîte, qu'on m'apporte du caffé ! » Les amateurs du tabac en prennent volontiers une tasse quand ils fument, disans qu'on passe ainsi le tems avec le plus grand plaisir. La chanson qui recommande tant le caffé est connue [1].

A Paris, il y a un nombre infini de caffez, telle-ment qu'on en trouve quelquefois dix, douze et plus dans la même ruë, dont quelques-uns sont en grande considération et souvent visitez par des princes et d'autres grands personnages. L'on y entre sans être toûjours obligé de faire quelque dépense. Les caffez qui sont auprès de l'Opéra et de la Comédie sont hantez par plusieurs centaines d'hommes qui y viennent par pure curiosité de voir qui entre aux spectacles et qui en sort. La veuve Laurent, dans la ruë Dauphine, tient un caffé dit

---

[1] Nemeitz ici fait peut-être allusion à la chanson que j'ai citée p. 85.

le caffé de beaux esprits. Là s'assemblent certaines gens qui mettent sur le tapis toute sorte de matières curieuses et spirituelles. Grimarêt, ce célèbre maître de langue, qui a écrit les campagnes du roi de Suède[1], présidoit de son vivant dans cette assemblée. Il y en a un autre de semblable chez Poincelet, sur la gauche à la descente du Pont-Neuf. Dans la ville, rue Rouillé[2], il y en a un autre, le rendez-vous de quelques savans qui s'entretiennent sur les sujets qui regardent la littérature; et cela s'appelle *le café savant.* Il y en a encore d'autres où on trouve les nouvellistes qui y raisonnent, à l'occasion des gazettes, sur les affaires d'État qui s'y présentent. Comme il y a nombre de fainéans à Paris, quelques-uns de ceux-ci ne font autre chose tout le jour que de courir les caffez pour écouter quelque chose de nouveau.

L'on ne fume point dans tous ces caffez, comme on fait en Hollande et en Allemagne, aussi y a-t-il très peu de personnes de condition en France qui aiment le tabac à fumer. De plus, on trouve les

[1] Jean-Léonor Le Gallois, sieur de Grimarest, qui était mort en 1720. Il avait pour spécialité d'enseigner le français aux nobles étrangers qui visitaient Paris, et il remplissait auprès d'eux le rôle de cicerone. On comprend donc que Nemeitz ait été souvent en relation avec lui. Grimarest a publié une pitoyable histoire de Charles XII.

[2] Je ne connais aucune rue de Paris qui ait porté ce nom ou même un nom analogue. Il existait en 1676, à l'angle de la rue Payenne et de la rue des Francs-Bourgeois, un hôtel de Rouillé, qui appartenait à M. de Rouillé, procureur général à la Cour des comptes. (Voy. le plan de Bullet et Blondel.)

gazettes ordinaires en très peu de maisons de cette
sorte; mais on les peut acheter de certains coureurs
qui les portent à vendre par toutes les rues, ou on
les peut aller lire aux petites boutiques, au quai
des Augustins et autre part, où on trouve aussi le
Mercure galant, le *Journal des savans,* les *Mémoires
de Trévoux,* ceux *de Verdun* et d'autres semblables pièces savantes.

Ce n'est pas non plus la coûtume de jouer aux
cartes ou aux dez dans les caffez, quoi qu'on y
jouë quelquefois aux échecs. Je trouve fort bon
qu'un jeune voyageur aille par fois en ces caffez
l'après-dîné ou vers le soir pour y écouter les discours des nouvellistes. L'on ne sort pas volontiers le
matin, cela dérange tout l'avant-midi. Quelquefois
ces gens-là raisonnent comme une cruche à tort et
à travers, mais quelquefois ils tiennent des propos
très spirituels. L'on n'est pas toûjours obligé de se
mettre de la conversation, ni de soûtenir le contraire lorsqu'on n'est pas justement de leur opinion.
Cependant on s'avance beaucoup dans la langue,
et on découvre à cette occasion les différens caractères du monde.

L'on trouve dans tous les caffez toutes sortes de
liqueurs; mais qu'on se garde d'en boire à la glace.
Elles gâtent l'estomac et sont très dangereuses à
ceux qui n'y sont pas accoûtumez, sur tout quand
on les prend après s'être échaufé.

Le chapitre XIX, consacré à la description
des foires Saint-Germain et Saint-Laurent,
contient encore des détails curieux. Nemeitz,

LA
FOIRE
St. GERMAIN

D'après le *Théâtre de Gherardi*.

qui ne paraît pas avoir été un cicérone bien austère, engage pourtant ses lecteurs à fuir les cafés établis dans les petites allées de la foire Saint-Germain :

Qu'on prenne bien garde à ses poches, tant au dedans de la foire qu'au dehors; les montres, les tabatières, les mouchoirs et cent autres bagatelles sont alors en grand péril. L'on est pêle-mêle, ne sachant qui vous passe. Ceux qui vous crient *Gardez vos poches !* à l'entrée de la foire et auprès des danseurs de corde sont quelquefois le plus sujets à caution. Soiez en garde contre eux. Silverius n'avoit fait que deux pas après avoir entendu ce cri, qu'on lui avoit déjà enlevé une belle tabatière d'argent. Crinon ne vint que d'une boutique trouver ses camarades dans un caffé, qu'un filou lui avoit volé tout l'argent qu'il avoit eu dans le gousset.

Qu'on se garde bien, quand on est au soir dans quelque boutique de caffé, de ne manger pas trop de ce poisson apprêté en salade : on le nomme du thon; ni de boire trop de ces vins qui échaufent, comme de Saint-Laurent [1], de muscat, de Frontignac [2], etc., qui sont alors en vogue; ni de surcharger l'estomac de marons glacez, de pistaches en dragées et d'autres semblables confitures. Ces débauches entraînent d'ordinaire des fièvres chaudes et d'autres maladies dangereuses.

Qu'on évite les caffez qui sont dans les petites

[1] Voy. ci-dessus, p. 198.
[2] Frontignan.

allées des côtez de la foire. Ce ne sont que de
francs bordels, et les appartemens dressez au
second étage sont pour les amateurs de la partie
quarrée.

Si on se peut dispenser de courir beaucoup avec
des femmes ou filles à la foire, tant mieux ; on est
fort embarrassé avec elles, et on n'en est pas
quite sans laisser de ses plumes. Toutefois, quand
on s'est une fois embarqué avec elles, on doit être
en bonne humeur et concourir à tout ce que la
compagnie trouve de bon.

En somme, si la vertu la plus pure ne régnait
pas toujours dans les lieux où l'on prenait du
café, celui-ci n'en était point cause, et il n'a-
vait rien perdu de la faveur dont il jouissait
auprès de toutes les classes de la société.
L'auteur de *Gil Blas* nous a laissé aussi une
description qui nous fait pénétrer dans l'intérieur d'un café au milieu du dix-huitième
siècle. Bien qu'elle soit un peu longue, je ne
puis me résoudre à l'analyser ou à l'écourter.
Lesage écrivait donc, en 1740, dans *La valise
trouvée*, un roman bien oublié aujourd'hui.

C'est un flux et reflux de gens de toutes conditions. Ce sont des nobles, des roturiers, des ado-
lescens bien faits et des figures plates, de beaux
esprits et des sots, pêle-mêle, qui s'entretiennent
ensemble, chacun à proportion de son intelligence.
La première fois que j'entrai dans un caffé, je fus

extrêmement étonné de voir ce que j'y vis et des discours qui frappèrent mes oreilles.

Je m'approchai d'abord d'une table autour de laquelle trois ou quatre hommes parloient avec beaucoup de vivacité. C'étoient des philosophes qui commençoient à disputer et qui avoient déjà l'air furieux. « Hé, monsieur l'abbé, disoit un d'entre eux à un petit abbé bossu qui étoit du nombre des interlocuteurs, avec votre permission je soutiens qu'il y a des propositions dont l'évidence est telle qu'on ne peut s'y méprendre. Celle-ci, par exemple : *le tout est plus grand que sa partie*. Qui peut douter de cette vérité ? — Moi, répondit le petit bossu. Pour affirmer que le tout est plus grand que sa partie, il faudroit que vous eussiez l'idée du tout, et que vous fussiez sûr que le tout a des parties. Or, je suis prêt, poursuivit-il, à vous démontrer que vous n'avez point l'idée d'un tout, et que le tout n'a point de parties. » Là dessus, comme si l'abbé eût dit une impertinence, son antagoniste lui rit au nez, en disant d'un air ironique à la compagnie : « Messieurs, il faut avouer que monsieur l'abbé a plus d'esprit qu'il n'est gros. » A ces paroles, notre petit bossu, qui étoit un mortel des plus pétulans, le traita de bourique, et les disputeurs se prirent au collet.

Tandis que des personnes plus charitables que moi s'empressoient à les décharpir, j'allai loin de là m'asseoir à une table où plusieurs nouvellistes s'entretenoient avec gravité. Il y en avoit un, principalement, qui parloit plus haut que les autres, et que chacun écoutoit comme un oracle, quoiqu'il sçût assez mal la carte et l'intérêt des princes. Ce qu'il y a de plaisant, c'est que cet original vouloit paroître n'ignorer aucune nouvelle, et s'il en entendoit débiter une qu'il n'eût point encore apprise, il interrompoit incivilement la personne qui l'annonçoit et la faisoit taire, en lui disant : « Vous n'en avez pas les gants. J'ai dit cela ici ce matin. » Ou bien, si quelqu'un devant lui s'avisoit de tirer de sa poche une lettre dans laquelle il fût fait mention d'une victoire, par exemple, remportée en Hongrie sur les Turcs, il s'écrioit aussitôt à pleine tête : « La date? » et si on lui répondoit : du quatorze de ce mois, il ne manquoit pas de répliquer : « Cela est vieux. Nous avons des nouvelles du vingt qui assurent le contraire. »

J'admirois l'air imposant de ce nouvelliste, et j'en riois en moi-même, lorsqu'il arriva deux poëtes dramatiques, car on diroit qu'il en pleut aujourd'hui dans tous les caffez de Paris. Les voilà qui commencent à parler d'une tragédie nouvelle. L'un avance qu'elle est excellente, et l'autre soutient qu'elle est détestable. Chacun dit ses raisons. Des raisons ils passent aux injures les plus grossières, suivant l'usage établi depuis peu par les gens de lettres; et des injures enfin ils en viennent aux voyes de fait. Ils voulurent mettre l'épée à la main, ils firent d'autant plus les mauvais garçons qu'ils étoient assurés qu'on les séparoit.

Telles sont les scènes qui se passent ordinairement dans les caffés. Mais il faut tout dire, s'il vient dans ces lieux-là beaucoup d'originaux, en récompense on y trouve quelquefois des personnes de mérite

avec qui l'on fait connoissance et dont on gagne
l'amitié. Ce qui pourtant est fort rare, puisqu'on peut
dire des amis de caffé ce qu'on dit des moines et
des comédiens, que le hasard les assemble, qu'ils se
voyent sans s'aimer et se quittent sans regret. Au
reste, les caffés sont propres à déniaiser la jeunesse, qui peut se corriger de ses défauts en remar-
quant ceux d'autrui [1].

[1] *La valise trouvée*, 1740, in-12, p. 67 et suiv.

On trouve une description du même genre, mais fort infé-
rieure sous tous les rapports, dans *Les ridicules du siècle*,
de F. Chevrier, 1752, in-12, p. 73 à 81. Voici un fragment
de ce très médiocre chapitre :

« Les caffés sont aujourd'hui le tableau de l'univers. On
y voit des gens de toutes les nations. Leur caractère, leur
religion, leurs mœurs et leurs goûts, absolument opposés,
forment des disputes, dont la chaleur, s'épuisant en propos,
n'en vient jamais à des débats plus dangereux.

Ici, c'est un jeune homme, l'idole d'une famille imbécile,
qui, échappé de sa petite ville par le coche, vient dépenser
mille écus à Paris, pour aller exactement tous les jours d'une
chambre garnie au caffé, du caffé à une table d'hôtes, de là
au parterre de la comédie, qu'il ne quitte que pour retour-
ner au caffé. Trop heureux, à la fin, de revoir sa triste patrie et d'y rapporter les noms des comédiens et une liste
exacte de toutes les auberges.

Là, c'est un autre provincial, timide par sottise qui, ne
voulant pas courir les risques de la bonne compagnie, vient
sans frais étudier le grand monde dans un cercle bourgeois,
et ne retourne en province que pour aller dire chez madame
la sénéchale

Que l'on vit à Paris et qu'on végète ailleurs.

On apperçoit plus loin un vieux militaire qui, traçant le
plan d'une ville qu'il n'a jamais vue, va se perdre dans une
demi-lune, dont il ne sort que pour entrer dans la ville, où

Louis XV avait pour le café une véritable passion, et il se plaisait à le préparer lui-même. Lenormand, jardinier en chef de Versailles, cultivait dans les serres du potager une douzaine de caféiers qui s'élevèrent jusqu'à quatre mètres de hauteur, et qui produisaient chaque année de cinq à six livres de café bien mûr. Louis XV le laissait vieillir, puis le torréfiait, le préparait de ses royales mains. Il aimait à en offrir à ses courtisans [1], et tous déclaraient, bien entendu, qu'ils n'avaient jamais absorbé breuvage plus exquis.

En 1748, Louis XV ayant honoré de sa présence le château de Dampierre, où il fut l'hôte du duc de Luynes, on lui servit un souper qu'il daigna trouver bon. Le duc écrit avec un légitime orgueil dans ses *Mémoires :* « Le Roi se mit à table avant neuf heures ; madame de Luynes lui présenta la serviette ; j'eus l'honneur de la servir pendant près d'une

toutes les femmes, éprises de sa figure, deviennent bientôt les victimes de son indiscrétion...

Près du comptoir on voit un cadet de famille qui s'efforce de réparer, par des fleurettes, l'injustice du sort. Sourde à ses vœux, la beauté qu'il encense ne reçoit ni ne rejette son hommage. Idole née de tous les conteurs, la maîtresse d'un caffé voit en public tous les hommes avec indifférence, et sa sensibilité n'éclate que dans le tête-à-tête... »

[1] Voy. J.-A. Le Roi, *Histoire de Versailles,* t. II, p. 347.

demi-heure ; il m'ordonna ensuite de me
mettre à table. Il fut de fort bonne humeur
pendant le souper et parut le trouver bon ;
il resta à table jusqu'à onze heures et un
quart. Il prit son café au sortir de la table ;
c'est du café qu'il fait lui-même ; il l'avoit
commencé avant souper et le finit pendant
qu'il étoit à table [1]. »

Cette innocente manie donna naissance à
une anecdote célèbre, et qui a été acceptée
avec une confiance imprudente, même par des
écrivains sérieux. Elle est racontée en ces termes
dans l'ignoble pamphlet que Mairobert publia
en 1776 contre madame Du Barry : « On rap-
porte un trait que les courtisans ont recueilli
avec soin et qui prouve que madame la comtesse Dubarri ne diminue point de faveur et
d'intimité avec son royal amant, comme on
le présumoit. Sa Majesté aime à faire son caffé
elle-même, et à se délasser dans ces occupa-
tions des soins laborieux du gouvernement.
Ces jours derniers, la caffetière au feu, et
sa Majesté distraite par autre chose, et le caffé
débordant : « Eh ! la France, prends donc
garde, ton caffé f... le camp, » s'écria la belle

---

[1] Duc de Luynes, *Mémoires*, t. IX, p. 43.

favorite! On dit que cette apostrophe de la
France est l'expression familière dont cette
dame se sert dans l'intérieur des petits appartemens ; détails particuliers qui n'en devroient
pas sortir, mais que relève la malignité des
courtisans [1]. »

M. Charles Vatel a très bien réfuté cet
invraisemblable récit[2]. D'abord Louis XV et
madame Du Barry ne se tutoyaient point,
même par écrit, à plus forte raison devant
témoins. La favorite appelait toujours le roi
Sire ou *sa Majesté*, et lui parlait à la troisième
personne, comme l'exigeait le cérémonial de
la Cour. Puis, La France était le nom d'un
valet de pied au service de la comtesse ; quelque bas que fût tombé Louis XV, il n'aurait
pas toléré qu'on le confondit avec un laquais.
Quant à la grossière expression prêtée à la
comtesse, il est certain que, non pas en public,
mais dans l'intimité, on employait souvent

> ..... Ce mot des Français révéré,
> Mot énergique au plaisir consacré,
> Mot que souvent le profane vulgaire
> Indignement prononce en sa colère[3].

[1] *Anecdotes sur madame la comtesse Dubarri*, 1776, in-8°,
p. 212.
[2] *Histoire de madame du Barry, d'après ses papiers per-
sonnels*, t. II, p. 243.
[3] P. Manuel, *La police de Paris dévoilée*, t. II, p. 166.

Le livre-journal de Lazare Duvaux, bijou-
tier ordinaire du roi, témoigne en plusieurs
endroits de la prédilection que professait
Louis XV pour le café. On y voit qu'il se fait
livrer :

Le 6 janvier 1754, « une caffetière d'or
gravé et poli pour quatre tasses, » et une
« lampe à esprit de vin, avec la mèche, virolle
du manche et éteignoir, le tout en or, et le
trépied d'argent doré. » Cette acquisition
coûte 2,054 livres.

Le 20 mars de la même année, « une caffetière d'or et sa lampe à l'esprit de vin, avec
des branchages gravés et un réchaud d'acier
bruni et doré. » Coût 1,950 liv.

Le 16 avril 1755, « une caffetière d'or,
à quatre tasses, avec des feuillages et ornemens gravés. Une lampe à trois mèches
à esprit de vin. Six cuillers à caffé, nouveau modèle. Un réchaud d'acier poli. » Coût
4,476 liv.

Le 9 décembre de la même année, « une
cassette de lacq aventurine et or, garnie de
serrures ciselées et dorées, contenant une caffetière, une lampe et deux cuillers d'or, deux
tasses et soucoupes, pots à sucre et théière de
Vincennes bleu-céleste à figures, trépied

d'acier et compartimens en velours. » Coût
4,200 liv. [1].

La lampe à esprit de vin se plaçait sous la
cafetière remplie d'eau ; le café, bien moulu,
reposait au fond ; on retirait la lampe dès que
le liquide montait, puis on la remettait en
place, de manière à obtenir dix ou douze
bouillons. Le *Mercure* d'octobre 1763 publie [2]
une réclame du sieur L'aîné, potier d'étain
établi rue Saint-Denis, qui préconise l'emploi
de nouvelles cafetières, destinées à obtenir le
café par infusion. « L'expérience a appris, y
est-il dit, que le caffé en bouillant perd, par
l'évaporation, une partie de ses sucs et de ses
esprits, et c'est par économie et délicatesse [3]
que tout le monde, après avoir été convaincu
que le caffé fait par infusion est plus clair, plus
parfumé et plus agréable au goût que celui qui
est fait par ébullition, s'est mis aujourd'hui dans
l'usage de le faire préparer par infusion. » La
mesure, ajoute-t-il, est toujours d'une cuillerée comble pour chaque tasse, et à mesure

---

[1] *Livre-journal de Lazare Duvaux*, publié par la Société
des bibliophiles françois, t. II, p. 188, 194, 240 et 262.

[2] Page 212.

[3] Il y a dans le texte : « c'est par une économie de délicatesse. »

égale, le café obtenu par infusion est plus fort
que le café bouilli.

Quoi qu'en dise le sieur L'aîné, ce procédé
eut quelque peine à se faire accepter, et il ne
devint réellement en faveur qu'une dizaine
d'années avant la Révolution. C'est donc de
café bouilli que se délectèrent les grands
écrivains du dix-huitième siècle cités pour
avoir souvent demandé l'inspiration à cet excitant inoffensif : Fontenelle, mort à cent ans;
Maupertuis; Buffon; Diderot; Voltaire qui,
dit Lekain [1], prenait chaque jour douze tasses
de café mélangé avec du chocolat; Delille,
qui lui a consacré des vers restés célèbres [2],

[1] *Mémoires*, édit. Barrière, p. 109.
[2] Il est une liqueur au poète plus chère,
   Qui manquoit à Virgile et qu'adoroit Voltaire.
   C'est toi, divin café, dont l'aimable liqueur
   Sans altérer la tête épanouit le cœur.
   Aussi quand mon palais est émoussé par l'âge,
   Avec plaisir encor je goûte ton breuvage.
   Que j'aime à préparer ton nectar précieux!
   Nul n'usurpe chez moi ce soin délicieux.
   Sur le réchaud brûlant moi seul tournant ta graine,
   A l'or de ta couleur fais succéder l'ébène;
   Moi seul, contre la noix qu'arment ses dents de fer,
   Je fais, en te broyant, crier ton fruit amer.
   Charmé de ton parfum, c'est moi seul qui dans l'onde
   Infuse à mon foyer ta poussière féconde;
   Qui tour à tour calmant, excitant tes bouillons,
   Suis d'un œil attentif tes légers tourbillons.
   Enfin, de ta liqueur lentement reposée

et qui mourut, à soixante-quinze ans [1].

Dans le vase fumant la lie est déposée;
Ma coupe, ton nectar, le miel américain
Que du suc des roseaux exprima l'Africain,
Tout est prêt. Du Japon l'émail reçoit tes ondes,
Et seul tu réunis les tributs des deux mondes.
Viens donc, divin nectar, viens donc, inspire-moi,
Je ne veux qu'un désert, mon Antigone et toi.
A peine j'ai senti ta vapeur odorante,
Soudain de ton climat la chaleur pénétrante
Réveille tous mes sens. Sans trouble, sans chaos
Mes pensers plus nombreux accourent à grands flots.
Mon idée étoit triste, aride, dépouillée;
Elle rit, elle sort richement habillée,
Et je crois, du génie éprouvant le réveil,
Boire dans chaque goutte un rayon du soleil.

(*Les trois règnes de la nature*, édit. de 1808, t. II, p. 90.)

[1] On a faussement attribué à Napoléon un goût immodéré pour le café. « Quand il travaillait bien avant dans la nuit, dit Bourrienne, ce n'était jamais du café qu'il se faisait apporter, mais du chocolat. » *Mémoires*, t. III, p. 212.

CHAPITRE IX

LE CAFÉ A PARIS DE 1760 A 1789.

Heure de fermeture des cafés. — Interdiction de donner à boire le dimanche pendant la durée des exercices religieux. — Histoire du mot *estaminet*. — La thèse de Henri Sparschuch. Usage général du café, ses propriétés thérapeutiques. — Les grands cafés et les *cafés borgnes*. — Public des cafés à la mode, d'après Caraccioli. — Falsifications du café. Invention du sieur Frenchard. — Traité du docteur Gentil. — Le café au lait. — Nombre des cafés à la fin du dix-huitième siècle. Par qui fréquentés. — Les cafés-concerts.

Les cafés étaient soumis à des règlements de police assez sévères. Leurs salles devaient être fermées à neuf heures du soir en hiver et à dix heures en été[1]. On n'y devait admettre « aucunes femmes de débauche, soldats, vagabonds, mendians, gens sans aveu et filoux[2]. » Il était interdit aux propriétaires de « donner à boire, ni recevoir personne chez eux les

[1] Ordonnance d'octobre 1760, art. 1. Voy. ci-dessus, p. 74.
[2] Article 2.

jours de dimanches et fêtes pendant le service divin [1]. »

Les ordonnances du 27 juillet 1777[2], du 6 novembre 1778[3] et du 21 mai 1784[4] prolongèrent d'une heure le délai accordé pour la fermeture du soir, qui resta fixée à dix heures en hiver et à onze heures en été. Ces trois ordonnances ne mentionnent plus l'interdiction de donner à boire pendant le temps des exercices religieux. Elle fut rétablie par l'ordonnance du 7 juin 1814, qui enjoignit de tenir les cafés fermés de huit heures du matin à midi les dimanches et jours de fête [5]. L'ordonnance du 18 novembre de la même année limita cette prescription aux villes comptant moins de cinq mille habitants[6]. En revanche, la Cour de cassation consultée décida que les mots *office divin* désignaient, non seulement la durée de la messe, mais aussi celle des vêpres [7].

---

[1] Article 3.

[2] Dans Isambert, *Anciennes lois françaises*, t. XXV, p. 72, art. 19.

[3] Dans Isambert, t. XXV, p. 446, art. 14.

[4] Dans Isambert, t. XXVII, p. 412, art. 7.

[5] Dans J.-B. Duvergier, *Collection des lois, décrets, etc.*, depuis 1788, t. IX, p. 80, art. 5.

[6] Article 3.

[7] Dans J.-B. Duvergier, t. IX, p. 240.

Le mot *estaminet* paraît d'origine assez récente. Aucun dictionnaire, de moi connu, ne le mentionne avant 1742 [1]. Je l'ai rencontré pour la première fois dans les *Mémoires* du graveur J.-G. Wille, qui écrivait vers 1740 : « Les artistes, dit-il, se rassembloient ordinairement *Au panier fleuri*, rue de la Huchette, chez un marchand de vin célèbre, pour y souper dans une chambre qui leur étoit constamment réservée, et qu'on nommoit l'estaminette [2]. » Encore Wille ne dit-il point que l'on fumât dans cette pièce.

[1] Ceux-ci entre autres :

C. DE ROCHEFORT, *Dictionnaire général et curieux de la langue françoise*. 1585, in-folio.

J. NICOT, *Thrésor de la langue françoyse*. 1606, in-folio.

G. MÉNAGE, *Dictionnaire étymologique de la langue françoise*. Édit. de 1694, in-folio.

Dictionnaire de l'Académie. Édit. de 1694, 2 in-folio.

A. FURETIÈRE, *Dictionnaire universel des mots françois*. Édit. de 1701, 3 in-folio.

Dictionnaire de Trévoux. Édit. de 1704, 3 in-folio.

P. RICHELET, *Nouveau dictionnaire françois*, 1719, 2 in-folio.

Dictionnaire de Trévoux. Édit. de 1721, 6 in-folio.

A. FURETIÈRE, *Dictionnaire universel...* Édit. de 1727, 4 in-folio.

Dictionnaire de l'Académie. Édit. de 1740, 2 in-folio.

G. MÉNAGE, *Dictionnaire étymologique...* Édit. de 1750, 2 in-folio.

[2] *Mémoire de J.-G. Wille, publié par G. Duplessis*. 1857, in-8°, t. I, p. 76.

L'Académie admit le mot *estaminet* dans son édition de 1742, et le définit ainsi :

Assemblée de buveurs et fumeurs. Le lieu où elle se tient porte aussi le même nom. Cet usage, qui vient des Pays-Bas, s'est établi à Paris sous le nom de tabagie [1].

Un supplément annexé au *Dictionnaire de Trévoux* en 1752 est déjà un peu plus complet :

ESTAMINET. L's se prononce. Espèce de cabaret à bière, où l'on va boire et fumer à tant par tête. On boit et fume à discrétion dans les estaminets. En Flandres, les plus gros marchands vont à l'estaminet ; ils s'assemblent là pour parler de leur négoce et de leurs affaires. On appelle autrement ces sortes de lieux tabagies [2].

Cet article prit place dans la réédition du *Dictionnaire de Trévoux* donnée en 1771 [3]. Quant au *Dictionnaire de l'Académie*, il reproduit textuellement la définition de 1742 dans ses éditions de 1762, de 1778 et de 1814. Celle de 1835 inaugure une définition nouvelle, qui reparaît sans changement dans la dernière édition :

[1] Quatrième édition, t. I, p. 1669.
[2] Page 1029.
[3] Tome III, p. 869.

Lieu public où s'assemblent des buveurs et des fumeurs, et qu'on nomme aussi tabagie : *aller à l'estaminet, fréquenter les estaminets* '.

Littré reconnaît honnêtement qu'il ignore l'étymologie de ce mot. L'*Encyclopédie des gens du monde*, mauvaise compilation publiée de 1833 à 1844[2], avait été moins modeste, et voici l'article curieux qu'elle lui consacre[3] :

ESTAMINET, lieu où se rassemblent des buveurs et des fumeurs de toutes conditions. Ce mot vient du flamand *stamenay*, qu'on a fait dériver de *stamm*, souche ou famille. C'était autrefois une coutume de la Flandre, pour tous les membres d'une même famille, de se réunir alternativement chez l'un et chez l'autre, après les travaux de la journée, pour y boire et y fumer. On appelait ces assemblées être *in stamme*, c'est-à-dire en famille. Mais il arriva que les hommes vidèrent des pots de bière au préjudice de leur raison; les femmes se fâchèrent, et les maris, voulant s'affranchir des remontrances conjugales, se réunirent chez des étrangers où ils admirent ceux avec qui ils étaient en relations d'affaires. Il ne tarda pas à se former ainsi un grand nombre d'établissements publics de ce genre, qui se sont encore multipliés depuis.

[1] Édition de 1835, t. I, p. 682. — Édition de 1878, t. I, p. 674. Cette dernière ajoute : « Fig. et fam., un pilier d'estaminet, se dit de quelqu'un qui a l'habitude d'aller dans les estaminets. » |
[2] Vingt-deux volumes in-8°.
[3] Tome X (publié en 1838), p. 74.

14.

Aujourd'hui que le luxe envahit tout, on chercherait vainement la rustique simplicité des premiers estaminets : les salles sombres et fumeuses ont fait place à de vastes salons décorés avec élégance, et qui se rapprochent le plus possible des cafés. Cependant il existe entre eux une ligne bien distincte de démarcation. Les gens graves, les personnes de la meilleure compagnie vont au café, pour y lire les journaux, y rencontrer des amis, et pas une d'entre elles n'irait à l'estaminet. Et pourtant, qu'on n'aille pas croire que ces lieux de réunion soient ouverts pour les délassements du peuple et des ouvriers : non, les habitués de l'estaminet, ceux qui lui consacrent leurs journées et leurs veilles, sont à Paris la grande majorité des étudiants du quartier latin et quelques-uns de ces jeunes gens *de bon ton* qui ont à cœur de faire tout ce qui est de mauvais ton.

La *tabagie* peut encore rentrer dans la même catégorie : c'est un estaminet du plus bas étage, toujours enveloppé dans la fumée du *tabac* [1] comme dans des nuages épais, et où ne s'assemblent nécessairement que des *faiseurs de tapage* et des gens adonnés sans réserve à la boisson. Le lecteur a le choix entre les deux étymologies indiquées par les italiques. Dans les tabagies, il ne se passe pas une soirée sans qu'elle ne soit marquée par des scènes de désordre plus ou moins scandaleuses. L'estaminet diffère donc de la tabagie en ce qu'il lui est quelque fois permis d'être honnête, et qu'il

---

[1] C'est toujours l'auteur de l'article qui souligne.

peut être fréquenté par de paisibles rentiers, qui viennent y jouer une savante partie de domino, ou quelque fois de billard, en vidant une bouteille de bière.

Une thèse soutenue à Upsal en 1760 par un médecin nommé Henri Sparschuch [1] nous apprend, qu'à cette époque, on faisait très peu de cas des fumeurs. Les amateurs de café, dit-il, sont aussi distingués que les amateurs de tabac le sont peu. Le café a su se concilier la faveur du beau sexe, parce qu'il n'enivre point, et l'on regarde comme un hôte sans urbanité celui qui après le repas néglige d'en offrir à ses invités [2]. Les propriétés thérapeutiques de ce breuvage sont très variées. Il est contre-indiqué dans la mélancolie, l'hypocondrie et l'hystérie, mais c'est un bon emménagogue et un excellent diurétique. Il faut le regarder comme un anorexique et non comme un apéritif, car, absorbé avant de se mettre à table, il éteint tout désir de manger ; après le

---

[1] *Potus coffeæ*, Upsal, 1761. Réimprimée dans les *Amœnitates academicæ* de Ch. Linné, t. VI, p. 161. — Je me borne à mentionner un éloge du café (*Faba arabica, carmen*, Lyon, 1696, in-8°. Réimprimé en 1749, dans les *Poemata didascalia*, t. I, p. 178), publié par le jésuite Thomas-Bernard Fellon, et qui n'offre aucun intérêt.

[2] « Inurbanus salutatur qui, prandio dato, coffeam non offert hospitibus. »

dernier service, au contraire, il active la digestion, et supprime les flatuosités. Il provoque
l'insomnie. Les personnes qui en consomment
beaucoup et le prennent très fort sont sujets
au tremblement des mains et de la tête. Enfin,
il passe pour anaphrodisiaque, aussi le nomme-
t-on par dérision le breuvage des chapons [1].

A Paris, l'on n'en croyait rien, et avec raison. Les cafés fréquentés par une clientèle
distinguée étalaient un grand luxe, les autres
étaient désignés sous le nom de *cafés borgnes*.
C'est précisément là le titre d'un proverbe qui
parut en 1771, et qui nous introduit dans une
de ces modestes boutiques [2].

Les personnages sont :

MADAME VEUVE LAVADE, maîtresse du café de
l'Abondance.

TROTIN, garçon de boutique.

M. TREPANILLAC, gascon et chirurgien chamber-
lant [3].

M. FRAC, maître tailleur.

M. TRESSANT, maître perruquier.

La scène se passe dans un de ces petits cafés qui
ne sont guère fréquentés que par des artisans qui

---

[1] « Unde potus caponum per opprobrium dicitur. »

[2] *Le café borgne*, proverbe. Dans le *Mercure de France*,
n° de mars 1771, p. 42.

[3] Chirurgien qui, n'ayant pas le moyen d'ouvrir boutique,
exerçait en chambre. Voy. *Les chirurgiens*.

vont le soir y boire de la bière et jouer aux dames.

Tout autre était le public habituel des grands cafés à la mode. On y trouvait, écrit Caraccioli, « l'assemblage le plus bizarre et le plus bruyant. »

. C'étoit un joueur sortant d'un tripot, maudissant la fortune et cherchant à la raccrocher ; un nouvelliste débitant du ton le plus assuré des invraisemblances et des inepties ; un tapageur à l'œil soldatesque et menaçant ; un frondeur fâché contre le siècle, contre la nation, contre le genre humain, contre lui-même ; un parasite rempli des fumées d'un somptueux dîner ; un famélique à l'affût d'une bavaroise ou d'une tasse de café ; un élégant, ravi de se trouver enchâssé dans un bel habit que le crédit venoit de payer ; un libertin[1], ennemi de la religion et de tous ceux qui en ont ; un auteur plein de lui-même, parcourant des tablettes d'un air affecté ; un babillard impitoyable, ridiculisant des ouvrages qu'il n'avoit point lûs ; un faiseur d'affaires, imaginant des moyens de tromper ; un épouseur déterminé, cherchant quelque veuve opulente à dessein de la ruiner ; un aventurier se donnant des airs, des titres, des noms, afin de mieux escroquer ; un liseur de brochures obscènes, dédaignant tous les bons livres et tous les bons écrivains ; un oisif, sans autre travail que de celui de s'ennuyer ; un conteur de fleurettes à la maîtresse

[1] On dirait aujourd'hui un incrédule.

du lieu, pour en obtenir un crédit assuré ; un ado-
rateur passionné des comédiennes et des comédies,
ne connoissant dans le monde que ce double objet ;
un raconteur infatigable des historiettes du vieux
temps ; un chicaneur ne parlant que de rappor-
teurs et de procès [1].

Les établissements bien fréquentés servaient seuls aussi à leurs clients du café à peu
près pur. On employait dans les autres des mélanges où le café ne figurait souvent que pour
moitié ; la seconde moitié était représentée
par des glands torréfiés, de l'orge, du seigle,
des pois chiches, de la chicorée, voire même
de la carotte, de la betterave et de la châ-
taigne. Vers 1785, un sieur Frenehard inventa
une poudre destinée à remplacer le café. Il y
entrait du riz, de l'orge, du seigle, des amandes
et du sucre. On en mettait une cuillerée dans
un quart de litre d'eau, on faisait bouillir et
l'on laissait reposer : « On ne peut, disaient
les prospectus, que recommander l'usage de
cette liqueur, qui a des avantages et pas un
inconvénient. La poudre se vend trente sols
la livre, chez le sieur Frenehard, rue Sainte-
Marguerite, près de celle des Ciseaux, entre

---

[1] L.-A. Caraccioli, *Voyage de la raison en Europe*, 1772,
in-8°, p. 253.

un marchand de bas et un boulanger, au troisième. Son nom est sur la porte [1]. »

La difficulté de se procurer du café non frelaté préoccupait surtout les médecins, aux yeux de qui il constituait un précieux médicament. Ses propriétés thérapeutiques furent, en 1787, l'objet d'un travail, qui reçut l'approbation sans réserve de la Faculté et qui était l'œuvre d'un de ses membres, le docteur Gentil [2]. Le volume est terminé par quatorze observations détaillées, où il est très bien démontré que le café rend d'inestimables services contre les maux d'estomac et de poitrine, contre la goutte, même contre les tumeurs au sein, les goitres et les rhumes de cerveau.

Il s'agit seulement ici de la décoction de café. Le docteur Gentil n'accorde, en effet, au produit de l'infusion que le rôle de digestif,

[1] *Journal général de France*, n° du 6 octobre 1785, p. 481.

[2] *Dissertation sur le caffé et sur les moyens propres à prévenir les effets qui résultent de sa préparation communément vicieuse, et en rendre la boisson plus agréable et plus salutaire. Par M. Gentil, docteur régent et ancien professeur de la Faculté de médecine en l'université de Paris, ancien médecin des camps et armées de sa Majesté le Roi de France, ancien et premier médecin des troupes de sa Majesté Impériale, Royale, Apotoslique.* 1787, in-8°.

et il désapprouve l'usage du café au lait; la digestion, écrit-il, en est difficile, et l'on doit sans hésiter l'interdire « aux pituiteux et aux personnes sujettes aux glaires [1]. .»

Sur ce point, le public se montrait incrédule. Le café au lait était devenu l'objet d'un véritable engouement; à la Cour comme à la ville, grands seigneurs, bourgeois ou artisans, tout le monde voulait déjeuner avec une tasse de café au lait [2]. Notez qu'on ne le préparait pas comme aujourd'hui. Seuls, les gens pressés, les indifférents en cuisine se bornaient à ajouter un peu de café à leur lait. Les gourmets, les délicats s'y prenaient tout autrement. On plaçait sur le feu une pinte de lait; quand il commençait à chanter, on y mêlait une once et demie de café en poudre, puis on laissait bouillir pendant une demi-heure en agitant sans cesse le mélange. Il fallait ensuite laisser reposer le tout, et l'on ne tirait à clair que dix ou douze heures après. On réchauffait alors au bain-marie, et l'on pouvait servir [3].

J'ai dit qu'au moment où fut créée la cor-

---

[1] Page 95.

[2] Voy. S. Mercier, *Tableau de Paris*, t. IV, p. 154, et J.-B. Pujoulx, *Paris à la fin du dix-huitième siècle*, p. 142.

[3] *Encyclopédie méthodique*, Arts et métiers, t. II, p. 235.

LE COMPTOIR D'UN CAFÉ EN 1782.

D'après *Les contemporaines* de Rétif de la Bretonne.

poration des limonadiers [1], leur nombre fut limité à deux cent cinquante. On en comptait déjà dix-huit cents en 1788 [2] et quatre mille en 1807 [3]. Ces chiffres comprennent tous les industriels qui débitaient de la bière et de l'eau-de-vie, mais on n'y fait figurer ni les cabaretiers ni les marchands de vin. A la fin du dix-huitième siècle, les cafés proprement dits ne dépassaient guère le nombre de sept à huit cents [4], et presque tous avaient vu disparaître la clientèle littéraire qui s'était plu à jeter un si grand éclat autour de leur berceau. Ils étaient devenus, comme ceux d'aujourd'hui, le refuge des oisifs et la ressource des paresseux. Séb. Mercier écrivait en 1782 : « Il n'est plus décent de séjourner au café, parce que cela annonce une disette de connoissances et un vuide absolu dans la fréquentation de la bonne société [5]. » Le soir toutefois, dit un ouvrage imprimé en 1779 :

[1] Voy. ci-dessus, p. 196.
[2] S. Mercier, t. XII, p. 297.
[3] Prudhomme, *Le miroir de Paris*, t. I, p. 283.
[4] Mercier, t. I, p. 227. — *Étrennes à tous les amateurs de café* (1790), p. 59. — Heinzmann, *Voyage d'un Allemand à Paris* (1798), p. 75.
[5] Mercier ajoute :
« Un café néanmoins où se rassembleroient les gens instruits et aimables seroit préférable à tous nos cercles, qui

Les cafés sont fréquentés par d'honnêtes gens qui vont s'y délasser des travaux de la journée. On y apprend les nouvelles, soit par la conversation, soit par la lecture des papiers publics. On n'y souffre personne de suspect, de mauvaises mœurs, nuls tapageurs, ni soldats, ni domestiques, ni quoi que ce soit qui pourroit troubler la tranquillité de la société.

Il semble que l'on ait voulu, depuis quelques années, imiter les cafés turcs, qu'ils appellent *cavéhanes,* où l'on admet des joueurs d'instrumens, que le maître paye pour divertir ceux qui prennent du café. Les musiciens ne sont que passagers dans les cafés de la ville, mais ils sont à la journée dans ceux des promenades, comme aux boulevards. On y exécute de bonnes symphonies, des bouffons y chantent des ariettes avec tout le burlesque dont elles sont susceptibles, et des cantatrices des airs d'opéra-comique. Les voix sont passablement

sont parfois ennuyeux. Nos pères alloient au cabaret, et l'on prétend qu'ils y maintenoient leur bonne humeur : nous n'osons plus guère aller au café, et l'eau noire qu'on y boit est plus mal-faisante que le vin généreux dont nos pères s'enivroient. La tristesse et la causticité règnent dans ces sallons de glaces, et le ton chagrin s'y manifeste de toutes parts... Chaque café a son orateur en chef; tel, dans les fauxbourgs, est présidé par un garçon tailleur ou par un garçon cordonnier. On courtise les cafetières : toujours environnées d'hommes, il leur faut un plus haut degré de vertu pour résister aux tentations fréquentes qui les sollicitent. Elles sont toutes fort coquettes, mais la coquetterie semble un attribut indispensable de leur métier. » *Tableau de Paris,* t. I, p. 229.

bonnes. Ils font tous de leur mieux pour amuser le public, mériter ses suffrages, et en tirer quelques pièces de monnoie à la fin de chaque air : il est rare que l'on ne donne point à chaque quêteuse. Il y a des cafés où s'assemblent les étrangers; d'autres où il n'y a que des juifs, et d'autres pour les praticiens, les marchands, les négocians, les artisans, etc. [1]

On voit que nos cafés-concerts datent à peu près de cette époque. C'est au Palais-Royal qu'ils débutèrent; mais quatre autres ne tardèrent pas à s'établir sur le boulevard du Temple, c'étaient les *cafés des Arts, d'Apollon, Alexandre* et *Goddet.* On y jouait même parfois la comédie, « sans autre rétribution que le bénéfice des raffraîchissemens [2]. »

[1] Hurtaut et Magny, *Dictionnaire historique de Paris,* t. II, p. 10.
[2] P. de la Mésangère, *Le voyageur à Paris,* t. III, p. 207.

CHAPITRE X

LES CAFÉS DE PARIS DEPUIS LE DIX-SEPTIÈME
SIÈCLE.

Rareté des documents relatifs à l'histoire des cafés de
Paris. — Notice des principaux cafés de Paris depuis le
dix-septième siècle.

On possède très peu de documents sur l'histoire des cafés de Paris. Même en ce qui concerne les plus renommés d'entre eux, il est
bien difficile d'établir leur filiation, de retrouver les noms qu'ils ont successivement portés.
Les propriétaires m'ont paru, en général, assez
peu soucieux de connaître le passé de leurs
immeubles, et les recherches que j'ai faites
chez quelques notaires ne m'ont fourni que
des résultats insignifiants; elles ne m'ont
pas permis, par exemple, de déterminer avec
certitude l'origine et l'emplacement des nombreux cafés qui existèrent sur le quai de
l'École. Après tout, le sujet n'a pas une impor-

tance si grande qu'il faille beaucoup regretter cette disette de renseignements, et c'est surtout à titre de curiosité que je publie les notes suivantes :

CAFÉ ALEXANDRE. *Sur le boulevard du Temple.*

« Ce caffé est un des plus anciens et des plus beaux de ce boulevard. Un orchestre très bien composé y forme une espèce de concert pendant tout le temps de la belle saison [1]. »

Un autre CAFÉ ALEXANDRE, d'aspect beaucoup plus modeste, existait dans la *rue Saint-Germain-l'Auxerrois.*

CAFÉ ALLEMAND, CAFÉ DES MUSES ou CAFÉ BOURETTE. *Rue Croix des Petits-Champs.*

Café littéraire qui jouit d'une grande vogue au milieu du dix-huitième siècle. Il la dut à sa propriétaire Charlotte Renière [2] Curé, devenue par son second mariage Charlotte Bourette.

Sous le titre de *La muse limonadière* [3], elle publia deux volumes contenant les mauvais vers faits par elle et les réponses des personnages à qui elle avait la manie d'adresser ses essais poétiques. Il faut reconnaître qu'ils étaient parfois bien reçus, car en

---

[1] *Almanach Dauphin pour l'année* 1777.

[2] Et non Renyer, comme le dit la *Biographie universelle.* Voy. *La muse limonadière*, t. II, p. 68.

[3] *La muse limonadière, ou recueil d'ouvrages en vers et en prose. Par madame Bourette, cy-devant madame Curé. Avec les différentes pièces qui lui ont été adressées.* Paris, 1755, 2 in-12.

retour d'une ode [1] qui fut louée par Fréron [2], le roi
de Prusse envoya à l'auteur un étui d'or [3]. C'était
lui faire trop d'honneur, et en dehors des habitués de son café, les littérateurs contemporains
ne la prenaient guère au sérieux. Grimm, par
exemple, écrivait en décembre 1750 : « Nous avons
ici une cafetière à qui la fureur des vers a tourné
l'esprit. Elle en fait pour tout le monde et n'en fait
de bons pour personne. Elle vient d'en faire im-

---

[1] « De tous mes ouvrages, celui qui m'a coûté le moins et
qu'on a loué le plus, c'est mon ode au Roi de Prusse. Je
fus saisie en la composant d'une espèce de fureur poëtique,
qui m'éleva au-dessus de moi-même ; l'enthousiasme en fut
l'auteur. J'ai reçu du fond du nord, pour cette pièce, des
complîmens aussi chauds que ceux de l'Orient. » *La muse
limonadière,* préface, p. XI.

[2] « Les caffés sont les licées des génies naissans. C'est
dans ces académies qu'ils font leurs premiers exercices.
Combien de beaux esprits aujourd'hui célèbres doivent à ces
doctes écoles leurs brillantes éducations. Mais ce qu'on
n'avoit pas encore vû, ce qui rehausse la gloire de notre
siècle, c'est qu'une maîtresse de caffé elle-même ait changé
la moitié de son comptoir en pupitre, et que les vers cou-
lent de sa veine avec autant d'abondance que le nectar
qu'elle verse aux dieux assemblés autour d'elle... Son ode
au Roi de Prusse est en prose et l'épître dédicatoire est en
vers ; la prose m'a paru très poëtique et les vers très pro-
saïques : comme il y a du génie, de la noblesse, de la force
et des grâces dans sa prose, cela justifie selon moi le parti
qu'elle a pris de s'abstenir de la rime et de la mesure. »
Jugement de M. Fréron sur l'ode au Roi de Prusse, dans
ses lettres sur les écrits du temps. Voy. *La muse limonadière,* t. I, p. 63.

[3] Voy. *Remerciment à M. Dammon, envoyé du Roi de
Prusse, sur l'étui d'or que j'ai recu.* T. I, p. 59.

primer pour le roi de Prusse, qui ne sont pas les
moins mauvais qui soient sortis de son cerveau. Les
vers sont accompagnés d'une ode en prose, où il y
a des strophes heureuses et qui ne peuvent être de
cette femme [1]. » Pourtant, Fontenelle lui donna un
exemplaire de ses œuvres en huit volumes [2]. Le duc
de Gèvres signa son contrat de mariage et fut le
parrain de son enfant [3]. Madame Denis lui remit
un éventail [4]. Voltaire, persécuté par ses louanges,
lui offrit une tasse et une carafe [5].

[1] *Correspondance de Grimm*, etc. Édit. Tourneux, t. II,
p. 14. Voy. aussi t. II, p. 58.

[2] Voy. *Compliment à M. de Fontenelle*, et *Remerciment
au mesme sur le présent des huit volumes de ses œuvres.*
Dans *La muse limonadière*, t. II, p. 123.

[3] « J'ai, monseigneur, encore une grâce à vous demander :
comme vous m'avez fait l'honneur de signer sur mon contrat de mariage, daignez protéger le fruit de cet hymen en
m'accordant la grâce de tenir l'enfant dont je dois accoucher
dans le mois de septembre :

> On dédie aux grands un ouvrage,
> On peut leur offrir un enfant... »

Réponse du duc de Gèvres. « J'ai reçu, Madame, votre
lettre. Vos vers sont charmans. Ravi de tenir votre enfant,
ravi de vous faire plaisir et de vous donner des marques de
mes sentimens... » *La muse limonadière*, t. II, p. 261.

[4] Voy. *Remerciment à madame Denis, nièce de M. de
Voltaire, qui m'avoit envoyé un fort bel éventail.* Dans *La
muse limonadière*, t. I, p. 68.

[5] « Je ne me sens guère d'entrailles pour la muse limonadière, et j'aime beaucoup mieux lui donner une carafe de
soixante livres que de lui écrire. » Voltaire, *lettre* du 17 septembre 1760.

« La muse limonadière me persécute. Si madame Scaliger,
qui se connaît à tout, voulait lui faire une petite galanterie

On voit que le café de madame Bourette était fréquenté par les beaux esprits. Elle-même le rappelle ainsi dans sa préface :

« Les auteurs sont la plûpart gens de lettres par état et de profession, qui ne connoissent de commerce que celui des Muses abreuvées des eaux du Permesse et de l'Hypocrène, accoutumées à compter des syllabes et à carrer des périodes. Que je ressemble peu à ces écrivains laborieux! Mon commerce est celui des marchands; je ne connois d'eaux que celles de Lunéville ou des Barbades, ou je compte de l'argent et je ne songe qu'à arrondir mes affaires.

Autre trait de disparité : mes ouvrages peuvent être mauvais, mais ils sont en bonne compagnie. Les auteurs les plus renommés du siècle ont payé les foibles accens de ma Muse des sons ravissans de la leur. J'ai l'honneur de compter dans ce nombre le fameux Nestor du Parnasse [1], dont la vie paroîtra bien courte si on la compare à celle que son nom et ses ouvrages obtiendront. L'auteur de l'*Histoire critique de la philosophie* [2] a daigné plusieurs fois quitter les promenades de l'Académie et du Lycée pour

de trente-six livres, je serais quitte. » *Lettre* du 28 octobre 1760.

« Madame d'Argental est bien bonne de daigner se charger de faire un petit présent à la muse limonadière; je l'en remercie bien fort, c'est la seule façon honnête de se tirer d'affaire avec cette muse. » *Lettre* du 31 décembre 1760.

« Je vous remercie bien humblement, bien tendrement de toutes vos bontés charmantes et de votre tasse pour la muse limonadière. » *Lettre* du 30 janvier 1761.

[1] Il y a en note : « M. de Fontenelle. »

[2] Il y a en note : « M. Deslandes. »

venir se reposer dans mon comptoir. Enfin, deux aristarques [1] judicieux et sévères ont mitigé en ma faveur leur critique; que dis-je, ils ont brûlé généreusement en mon honneur quelques grains d'un encens précieux. »

Café André. *Rue d'Argenteuil.*

Café Anglais. *Rue de la Comédie-Française* [2].

Renommée surtout par la manière dont on y préparait le punch, cette maison recevait beaucoup d'Anglais.

Café des Armes d'Espagne. *Rue des Arcis.*

Café des Arts. *Place du Palais-Royal.*

Fréquenté par des artistes et des habitués de l'Opéra, la clientèle de ce café diminua après l'incendie de 1781, qui détruisit la salle en quelques heures. On sait que l'Opéra fut alors transporté boulevard Saint-Martin.

Café des Aveugles. *Au Palais-Royal,* sous le café Italien.

« Il y a dans ce café un grand orchestre composé d'aveugles, parmi lesquels se trouve un assez bon violon, et une femme qui crie du haut de sa tête au lieu de chanter, et à laquelle on est souvent obligé de demander la sourdine.

Ce café n'ouvre qu'à cinq heures. C'est le rendez-vous de toutes les filles du jardin et de celles du perron : les habituées y ont tous les jours leur demi-tasse gratis. Il est divisé en vingt petits caveaux : on y voit de vieux et de jeunes admirateurs

---

[1] Il y a en note : « MM. Fréron et l'abbé de la Porte. »
[2] Auj. rue de l'Ancienne-Comédie.

des grâces. Les jeunes déesses viennent boire le vin du marché ; les vieilles restent pour épier le moment où il se présente quelque *godiche*. Alors elles se détachent, et vont aussitôt avertir leurs jeunes camarades, dont elles reçoivent une rétribution en raison du genre de conquête qu'elles procurent.

C'est dans ce café que ceux qui louent les habillemens à ces nymphes viennent se faire payer, lorsqu'ils s'aperçoivent qu'elles sont en compagnie *à ressource*. Ces filles ne s'adressent jamais qu'à des étrangers ou à des arrivans des départemens : elle ne s'y trompent pas.

Dans cet endroit, on voit constamment deux grosses marchandes de bouquets, que l'on nomme mesdames Angot. Elles vont présenter aux godiches des bouquets pour leur belle, les font payer douze ou vingt-quatre sous, selon les circonstances plus ou moins favorables. Mais en sortant, la nymphe à qui on en a fait présent rend le bouquet à la marchande, qui lui donne quatre sous : de sorte que, dans une soirée, tel bouquet est vendu sept ou huit fois.

On respire un air si fétide et si épais dans ce café, que lorsqu'on en sort, même au plus fort de l'été, on est saisi par le froid. On peut dire que le café des aveugles est la lie des cafés de Paris. Rien n'est plus dégoûtant que la malpropreté et l'indécence qu'on s'y permet. Aussi, quand on a parcouru le Palais-Royal, on est censé n'avoir rien vu si on n'a été au café des aveugles.

A ces bouquetières succèdent les marchandes de bretelles, de porte-feuilles, de bijoux, de sucreries, etc. Toutes ces marchandes sont associées, et se distribuent les heures pour les tournées. L'étranger ou l'homme des départemens se trouve circonvenu par deux ou trois nymphes qui s'entendent avec les garçons limonadiers pour demander au nouveau débarqué s'il ne faut pas lui servir telle ou telle chose : de manière que l'étranger n'a pas plutôt donné à changer une pièce d'or qu'il ne lui en reste rien[1]. »

CAFÉ DES BAINS CHINOIS. *Boulevard du Temple.*

En 1789, c'est là qu'aimaient à se réunir les ardents patriotes, les vainqueurs de la Bastille[2].

CAFÉ BIDAUT. *Au Palais-Royal.*

Fréquenté surtout par des joueurs d'échecs.

CAFÉ DES BOUCHERIES. *Rue des Boucheries Saint-Germain*[3].

« Rien n'égale au monde de ce qui se passe, pendant la quinzaine de Pâques, dans un petit café situé rue des Boucheries. Figurez-vous tous les directeurs de théâtre de province accourant à une espèce de marché public, pour composer leur troupe, et tous ceux qui foulent le sapin d'un pas majestueux accourant aussi de leur côté par troupeaux, pour se vendre et s'engager.

On marchande la reine étique, l'amoureuse mi-

---

[1] L. Prudhomme, *Miroir de l'ancien et du nouveau Paris*, 3ᵉ édit., t. V, p. 251.

[2] Ad. Schmidt, *Paris pendant la Révolution*, trad. P. Viollet, t. I, p. 126.

[3] Auj. comprise dans le parcours du boulevard Saint-Germain. Elle était la continuation de la rue de l'École-de-Médecine actuelle.

naudière; le père noble, qui se croit tel parce qu'il a le front dégarni, la voix cassée et les mains tremblantes; le valet impudent, qui a la physionomie de ses rôles; l'humble confident, presque toujours aussi mauvais qu'inutile à la pièce; le petit maître, qui vieillit croyant bien toujours posséder le feu et les grâces du premier âge.

C'est un mélange confus d'acteurs et d'actrices qui se reconnoissent, qui rivalisent en luxure, qui se croient tous supérieurs les uns aux autres, et qui le sont en effet dans leur détestable jeu. Mais la médiocrité prend le ton important, s'enfle, se pavane, étale l'orgueil et la bêtise du paon au milieu d'une basse-cour, et raconte à tous les oisons qui l'entourent les applaudissemens qu'on lui a prodigués à l'extrémité du royaume, où la langue françoise est à peine connue. On enrôle une impératrice à cent quarante livres par mois, et le confident soupire de n'en avoir que soixante-quinze et d'être son-souffleur par-dessus le marché. Enfin, là sont rassemblés en tas tous ceux qui doivent estropier, sur les trétaux du royaume, la langue, les pièces, le bon ton, le bon sens, et n'en être pas moins applaudis avec fureur.

Les reconnoissances des amis qui s'embrassent avec un transport aussi faux que celui qu'ils ont coutume d'avoir sur les planches; le courroux des ennemis, aussi réel que leur jalousie secrète; les beaux garçons tout fiers de leur figure, et que lorgnent les vieilles actrices desséchées; les sourdes imprécations contre les directeurs qui les paient mal, et contre le public qui les paie comptant en huées, tout cela forme un spectacle plus neuf, plus varié et plus réjouissant que celui qu'ils pourroient donner.

L'un, qui arrive du Nord par la messagerie, va partir pour le Midi par le coche; et celui qui arrive de Marseille va tomber à Strasbourg. Le hasard les place et les déplace, ils ne savent s'ils hurleront en Gascogne ou en Normandie. Ils forment des engagemens qu'ils cassent deux heures après, par caprice ou par nécessité; ils se surfont, ils se rabaissent, comme une volaille qu'on vend au marché; ils jurent, se louent et s'injurient tour à tour.

Le café déborde de ces nobles instrumens de l'art dramatique. Ils sont pressés en groupe jusque dans les ruisseaux de la rue. L'un a un reste d'habit théâtral qui contraste avec sa chaussure ressemelée; sa veste est magnifique et sa culotte rapetassée. Si on leur demandoit où ils vont, ils pourroient répondre : Je n'en sais rien.

Les directeurs se promènent, marchandant les acteurs au milieu de cette singulière foire, aussi curieuse que celles où l'on voit des animaux de toute espèce. Les directeurs flattent celui qu'ils veulent avoir à bas prix, ils parlent surtout de faire des avances. La mauvaise actrice passe avec l'acteur engagé, parce que celui-ci est son amant; elle dévisageroit le directeur s'il parloit de séparation...

Tous ces histrions vont sortir de ce café pour aller représenter dans toutes les villes ces chefs-d'œuvre immortels qu'ils regardent comme leur appartenant en propre, puisqu'ils en font leur nourriture journalière; mais ce sont d'ingrats nour-

rissons : les avides directeurs mutilent les pièces
nouvelles pour les ployer à leur mauvais goût, et
n'ont aucune reconnoissance pour leurs nourri-
ciers [1]... »

« La rue des Boucheries est encore célèbre par la
réunion de tous les souverains et souveraines de
théâtre. C'est dans un café sombre, la deuxième
maison en entrant dans cette rue, du côté de celle
de Saint-Germain des Prés [2], qu'ils se réunissent
pendant la quinzaine de Pâques. Là, vous voyez
sur la porte du café et sur les bornes voisines des
empereurs sans empires, des reines sans royaumes,
souvent sans souliers [3]. »

CAFÉ BOURETTE. Voy. Café Allemand.

CAFÉ BOURGILLA. *Sur le port Saint-Paul, à l'angle
de la rue des Nonnains-d'Yères.*

C'était le rendez-vous ordinaire des personnes
qui prenaient les coches d'eau, dont le bureau était
au port Saint-Paul. Ces coches desservaient Ville-
neuve-Saint-Georges, Montereau, Corbeil, Melun,
Sens, Auxerre, etc.

CAFÉ DES CANONNIERS. Voy. Café de Chartres.

CAFÉ DU CAVEAU. *Au Palais-Royal, sous le café
de la Rotonde.*

« Ce café est d'un genre mixte. Le matin, dé-
jeunés chauds et froids jusqu'à deux heures. On y
donne à dîner pour un franc cinquante centimes,
prix fixe, mais sans vin. L'affluence est considérable

---

[1] Mercier, *Tableau de Paris*, t. XI, p. 139
[2] Auj. comprise dans la rue Bonaparte.
[3] Prudhomme, t. IV, p. 73.

depuis deux heures jusqu'à sept, où tout change de décoration. Le restaurateur disparaît pour faire place au limonadier; mais l'odeur suffoquante du mélange des mets reste et vous saisit même à la gorge en passant dans la galerie.

« On voit tous les soirs dans ce café un homme qui gagne six francs par soirée pour jouer le sauvage, faire des grimaces et des sauts : il frappe si fortement sur des timballes qu'on l'entend de l'autre bout du jardin. Il fait peur à bien des gens qui croient toujours qu'il va se tuer...

« Le soir, ce café est le rendez-vous de petits merciers, de marchands de tabac, qui y vont avec leurs femmes, leurs enfans et la petite bonne, pour y boire la petite bouteille de bière, et manger modestement une demi-douzaine d'échaudés, aux sons aigres et aigus d'une musique discordante [1]. »

Le café du Caveau, dit aussi café du Sauvage, pouvait contenir deux cents personnes. Il était orné de grandes glaces dans lesquelles se réflétaient les bustes de musiciens célèbres : Glück, Grétry, Philidor, etc. Sur une des tables de marbre était gravée en lettres d'or l'inscription suivante : « On ouvrit deux souscriptions sur cette table : la première, le 28 juillet, pour répéter l'expérience d'Annonay; la deuxième, le 29 août 1783, pour rendre hommage par une médaille à la découverte de MM. de Montgolfier [2]. »

CAFÉ DE CHAMBÉRY. *Rue Saint-Antoine.*

[1] Prudhomme, t. V, p. 249.

[2] *Étrennes aux amateurs de café,* p. 62.

Renommé surtout pour son *eau clairette*, dont on trouve la composition dans Audiger [1].

CAFÉ DE CHARTRES. *Au Palais-Royal.*

Pendant la Terreur, il prit le nom de café des Canonniers et fut le rendez-vous des aristocrates [2]. Il devint ensuite celui des agioteurs [3].

CAFÉ DE LA CITÉ. *Rue du Marché-Palu.*

Cette rue est représentée aujourd'hui par le commencement de la rue de la Cité, près du Petit-Pont.

CAFÉ DE LA COMÉDIE ITALIENNE. *Rue Mauconseil, près de la Comédie italienne.*

D'abord tenu par un sieur Bardoulat, il eut pour propriétaire, durant la Révolution, Chrétien, forcené terroriste.

CAFÉ DU COMMERCE. *Place Dauphine.*

Ce fut là, dit-on, que fut joué en 1727, pour la première fois, le jeu de dames à la Polonaise [4].

CAFÉ CONTI. Voy. Café du Pont-Neuf.

CAFÉ DU CONTROLE GÉNÉRAL. *Rue Neuve-des-Petits-Champs.*

Il recevait un grand nombre d'employés attachés au contrôle général des finances, qui était situé dans cette rue.

CAFÉ CORAZZA. Voy. Café Italien.

CAFÉ DE LA CROIX DE MALTE. *Rue de l'Arbre-Sec.*

Tenu successivement par un sieur d'Estrées ou

[1] Page 214.
[2] Schmidt, t. I, p. 158.
[3] Prudhomme, t. V, p. 237.
[4] Voy. le *Mercure de France*, n° d'août 1770, p. 195.

Destrée, puis par un sieur Aubert, ce café était renommé pour ses liqueurs fines de Nancy.

CAFÉ CUISINIER. *Rue Saint-André des Arts, presque en face du pont Saint-Michel.*

Comme on l'a vu [1], ce café avait été fondé par Étienne d'Alep, à la fin du dix-septième siècle. En 1761, il était tenu par un sieur Onfroy, qui se qualifiait de distillateur du roi. Cet habile homme, fécond en précieuses découvertes, avait créé un chocolat spécial, une essence de café, et aussi un dentifrice qui guérissait instantanément les odontalgies les plus obstinées. Onfroy n'était point ennemi de la réclame, comme le prouvent les trois morceaux suivants :

« Le sieur Onfroy a inventé un nouveau chocolat à la façon de Rome. Il se fond dans la chocolatière comme du beurre et n'y laisse aucun dépôt. Il y en a pour l'office à cinquante sols la livre. Celui de santé, qui n'a point d'odeur, est de trois livres. Le chocolat à une vanille vaut quatre livres, à une vanille et demie cinq livres, et à deux vanilles six livres. Les personnes qui en voudront de plus chargé en vanille, en le commandant, ne payeront que vingt sols de plus pour chaque vanille d'excédent. »

« Le sieur Onfroy s'étant aperçu que son essence de caffé n'avoit pas tout le parfum nécessaire, il en a interrompu la vente jusqu'à ce qu'il l'ait mise au point de ne plus différer en rien du meilleur caffé suivant la méthode ordinaire. Il ose actuellement

---

[1] Ci-dessus, p. 44.

garantir que sa nouvelle essence de café a atteint ce degré de perfection, et il la distribue depuis le premier de ce mois. On continuera de l'employer de la façon qu'il le prescrit. Une bonne cuillerée de cette essence suffit pour une tasse de caffé; il ne s'agit que de verser par dessus de l'eau bouillante ou du lait bouillant, et d'y mettre la dose de sucre convenable : le café dans l'instant est fait... »

« Le sieur Onfroy continue de débiter avec le plus grand succès sa liqueur spiritueuse pour les dents, qui en arrête sur-le-champ et sans retour les plus vives douleurs. Le prix de sa nouvelle essence de caffé, dont la bouteille doit composer dix-huit à vingt tasses, est de cinquante sols. Le prix de la liqueur pour les dents est toujours de trois livres la bouteille et de trente sols la demi-bouteille[1]. »

Café des Dames. *Sur le boulevard.*

Café Dauphin. *Rue Comtesse-d'Artois* [2].

Il exista un autre Café Dauphin, dans la *rue de l'Échelle.* Ce dernier était « dans une position agréable et très commode pour voir entrer et sortir du jardin des Tuileries. »

Café Destrée. Voy. Café de la Croix de Malte.

Café de la Diligence. *Quai des Célestins.*

Ainsi nommé, parce qu'il était situé près du bureau de la célèbre diligence de Lyon [3].

Café d'Estrées. Voy. Café de la Croix de Malte.

Café du fort Samson. *Carrefour Saint-Benoît.*

[1] *L'avant-coureur*, n° du lundi 13 avril 1761, p. 228.
[2] Auj. comprise dans la rue Montorgueil.
[3] Voy. *Les médicaments*, p. 172.

« Ce café est bien composé et situé dans une position agréable. »

CAFÉ DE FOY. *Rue Richelieu et au Palais-Royal.*

Ce café célèbre fut fondé, croit-on, par un ancien officier de cuisine, nommé Foy, qui prit pour enseigne : *A la bonne foi.* Il eut pour successeurs un sieur Deslondes, puis un sieur Jousseran ou Jousserand, qui commencèrent la réputation de l'établissement.

« Ce café, écrivait-on en 1777, est un des plus renommés pour le bon café, les glaces et limonades. On n'y joue communément ni aux dames ni aux échecs, mais nombre d'officiers et financiers qui s'y réunissent, après la promenade, pour y discuter sur les affaires politiques et la nouvelle du jour, rendent ce lieu très agréable et très amusant [1]. »

Peu d'années avant la Révolution, « les concerts qui s'y donnaient au premier étage l'avaient mis très en vogue : la noblesse des deux sexes s'y rassemblait. Depuis, il a été fréquenté par d'anciens employés de la Cour, et des rentiers, que le décret de l'Assemblée constituante qui déclara que tous les créanciers de l'État seraient payés exactement, avait rendus grands partisans du nouvel ordre de choses. Ils formaient un cercle politique, qui fut d'abord présidé par le premier garçon du café nommé Billard, grand parleur : on l'avait qualifié d'orateur des communes ; ensuite par un ancien notaire et un avocat. Enfin un ex-chanoine de Mantes, surnommé

[1] *Almanach Dauphin.*

l'abbé de six pieds, est le dernier qui ait eu l'honneur de présider cette réunion. Le décret rendu
par le Conseil des Anciens sur la mobilisation de la
dette publique fit disparaître tous ces orateurs [1]. »

Le café de Foy avait sa façade principale sur la
rue Richelieu ; du côté opposé existait une terrasse
donnant sur le jardin du Palais-Royal. Elle s'en vit
séparée quand le duc de Chartres eut entrepris
d'isoler ce jardin. Sur l'emplacement qu'il occupait, on prit l'espace nécessaire, non seulement pour
élever les bâtiments qui l'entourent aujourd'hui,
mais encore pour ouvrir derrière eux trois rues de
vingt-sept pieds de large [2]. Celles-ci s'étendirent
entre les constructions nouvelles et les maisons qui
auparavant bordaient le jardin. Dès lors, la rue de
Montpensier, étroite et sombre, fut le seul horizon
de la terrasse du café de Foy. Il fallut l'abandonner
et l'établissement vint occuper dans les galeries
neuves du palais l'endroit où nous l'avons connu.
Vers 1804, il changea de propriétaire ; il fut vendu
cent mille francs, et l'acquéreur estimait à vingt-
quatre mille francs le prix des réparations indis-
pensables.

CAFÉ FRARY. *Rue Montmartre, vis-à-vis de la
rue des Vieux-Augustins.*

« Le luxe, ingénieux à se reproduire sous les
formes les plus agréables, s'étoit jusqu'à présent
borné à embellir les caffés de glaces et de tableaux
disposés selon les loix d'une froide symétrie et

[1] Prudhomme, t. V, p. 247.
[2] Les rues de Montpensier, de Beaujolais et de Valois.

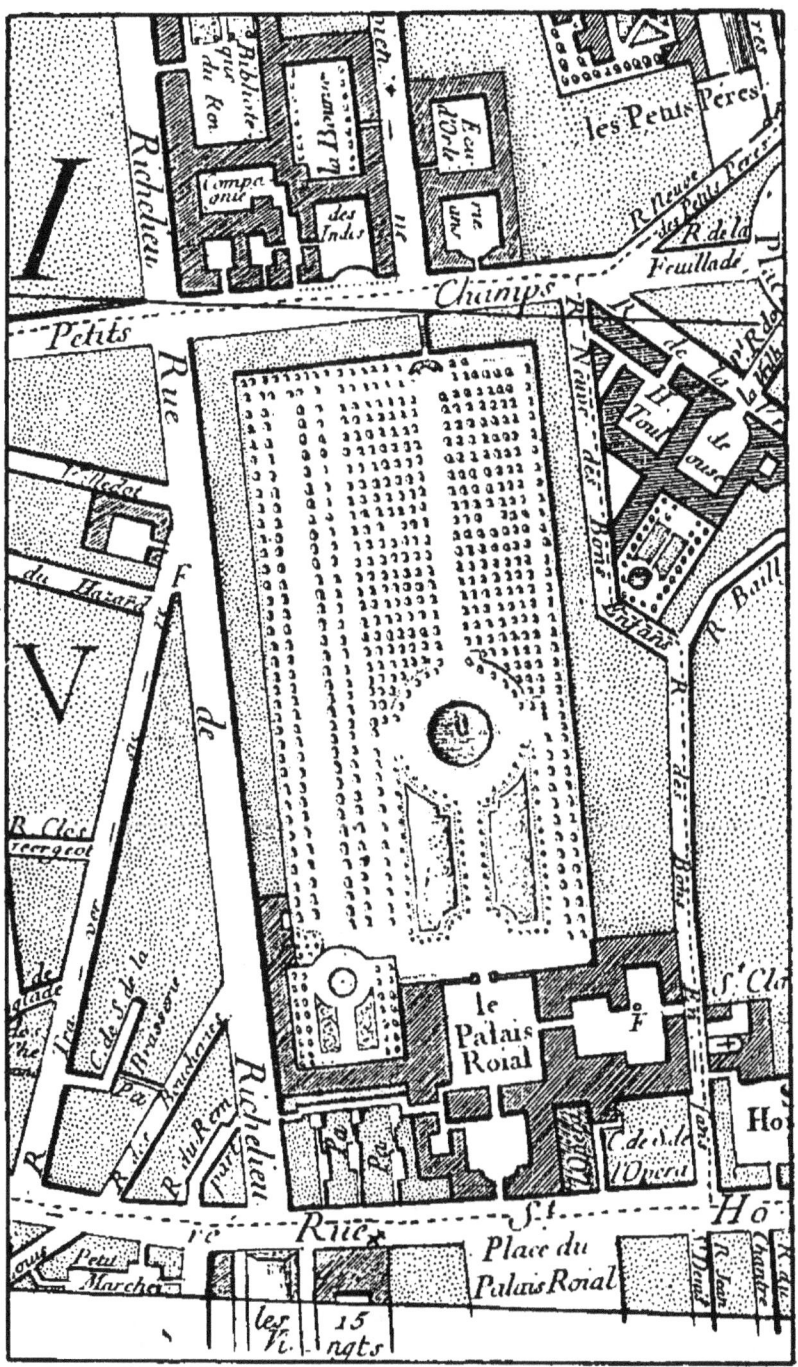

D'après le plan de Deharme, dressé en 1763.

d'une insipide uniformité, car les caffés se ressemblent tous à peu près. Le sieur Frary, limonadier
rue Montmartre, vient de faire orner le sien de
glaces entremêlées de panneaux peints en fleurs
dessinées d'après nature et distribuées élégamment.
C'est le sieur Clermont, élève du célèbre Baptiste,
qui a exécuté ces ornemens qui font un très bon
effet. Cet exemple, qui vraisemblablement sera
imité, mettra dans peu nos caffés sur le ton de
ceux d'Angleterre, dans lesquels on remarque une
variété singulière de décoration [1]. »

En 1777, ce Frary avait eu pour successeur un
sieur Boucault qui, dit l'*Almanach Dauphin*, « soutient la réputation, qu'il s'est méritée à juste titre,
pour le bon café et les liqueurs fines, dont il fait
des envois en province et chez l'étranger. »

CAFÉ GINET. *Rue Saint-Honoré.*

Il fut, durant la Révolution, un lieu de rendez-
vous pour les Jacobins [2].

CAFÉ GRADOT. Voy. Café Manoury.

CAFÉ DU GRAND MONARQUE. *Rue Montorgueil.*

CAFÉ HARDY. *A l'angle de la rue Le Pelletier et
du boulevard des Italiens.*

« Depuis longtemps, le café de Madame Hardy a
une grande réputation pour les déjeûners à la four-
chette : rognons au vin de Champagne, côtelettes,
œufs frais, etc. C'est le rendez-vous de tous les
agioteurs de la Bourse [3]; les croupiers des ban-

---

[1] *L'avant-coureur*, n° du lundi 2 novembre 1761, p. 700.
[2] Schmidt, t. I, p. 133.
[3] Alors installée dans l'église des Petits-Pères, auj. Notre-
Dame des Victoires.

quiers s'y réunissent tous les jours dès huit heures
du matin.

Là, on décide la hausse ou la baisse des effets
publics; là, on spécule sur les victoires ou sur les
défaites; là, une négociation passe dans dix à
douze mains pendant que le déjeûner se prépare.
Rien de plus curieux que toutes ces physionomies,
sur lesquelles on reconnaît les dupeurs et les
dupés...

La réputation du café de Madame Hardy est
justement méritée par les bonnes choses qu'on y
trouve, à l'exception du vin qui est un peu trop cher
en raison de sa qualité. Madame Hardy occupe son
comptoir avec avantage; elle a non seulement bonne
grâce, mais elle a de l'esprit [1]. »

Café Italien ou Café Corazza. *Au Palais-Royal.*
Il devint surtout fameux durant la Révolution.
C'est dans ce café que se préparèrent la chute des
Girondins et la domination de la Montagne; mais
« il eut depuis lors une couleur politique de moins
en moins stable et arrêtée. Pendant la Terreur,
ceux qu'on appelait les aristocrates s'y réunissaient,
aussi bien qu'aux cafés de Chartres, de Foy et
Valois, surtout de dix heures du matin à deux
heures. Le soir, il recevait des étrangers, particulièrement des Italiens de distinction, qui s'occu-
paient plutôt de jeu que de politique, et savaient
toujours se plier aux circonstances ou à la loi du
plus fort [2]. »

[1] Prudhomme, t. V, p. 193.
[2] Schmidt, t. I, p. 122.

CAFÉ LAURENT. *A l'angle de la rue Dauphine et de la rue Christine.*

J'ai dit plus haut [1] que ce café littéraire avait été fondé vers 1690 par un sieur François Laurent, et j'ai mentionné à cette occasion un passage de Voltaire dont voici le texte complet :

« Il y avait alors [2] à Paris un café assez fameux, où s'assemblaient plusieurs amateurs des belles-lettres, des philosophes, des musiciens, des peintres, des poëtes. M. de Fontenelle y venait quelquefois ; M. de La Motte ; M. Saurin, fameux géomètre ; M. Danchet, poëte assez méprisé, mais d'ailleurs homme de lettres et honnête homme ; l'abbé Alary, fils d'un fameux apothicaire, garçon fort savant ; M. Boindin, procureur-général des trésoriers de France ; M. de La Faye, capitaine aux gardes, de l'Académie des Sciences ; Monsieur son frère, mort secrétaire du cabinet, homme délié et qui fesait de jolis vers ; le sieur Roi, qui avait quelques talents pour les ballets ; le sieur de Rochebrune, qui fesait des chansons ; enfin plusieurs lettrés qui s'y rendaient tous les jours. Là, on examinait avec beaucoup de sévérité, et quelquefois avec des railleries fort amères, tous les ouvrages nouveaux. On fesait des épigrammes, des chansons fort jolies ; c'était une école d'esprit, dans laquelle il y avait un peu de licence [3]. »

Laurent mourut en 1694, et sa veuve lui suc-

[1] Voy. ci-dessus, p. 64.
[2] Vers 1700.
[3] *OEuvres*, édit. Beuchot, t. XXXVII, p. 491.

céda. Mais elle ne sut pas retenir la clientèle littéraire, et vers 1714 la plupart de ses habitués se
transportèrent chez Poincelet, qui tenait alors le
café du Parnasse, sur le quai de l'École. Dans son
poème en l'honneur du café [1], Limojon de Saint-
Didier raconte comment Apollon a révélé le café
aux poëtes et rappelle que, pendant longtemps, ils
se sont abreuvés de ce nectar, chez la vieille Laurent :

Le Parnasse n'a point dans ses vastes retraites
De petits orateurs ni de petits poëtes,
Point de grimauds siflez, qui d'un présent si beau
Ne veüille chaque jour honorer son bureau.
Dans une grote obscure une noire sybille
Leur en rend par ses soins l'usage plus facile. .
Telle qu'une nayade en son lit de cristal
Préside aux froides eaux qui forment son canal,
Telle en ce sombre lieu la vieille Laurentine [2]
Préside à la liqueur que sa main leur destine.
Mais ces esprits légers ne lui font plus leur cour,
Et depuis deux moissons ont changé de séjour.
Attirez par l'éclat et du marbre et des lustres,
On voit chez Poincelet [3] ces poëtes illustres.

CAFÉ LYONNAIS. *Rue Saint-Honoré, à l'angle de
la rue des Bourdonnais.*

Il était fréquenté surtout par des négociants de
Lyon et de Tours.

---

[1] Dans son *Voyage du Parnasse,* p. 102.

[2] Il y a ici en note : « La veuve Laurent, cafetière, chez
laquelle se sont rendus long tems nos poëtes. »

[3] En note : « Cafetier où ils vont depuis deux ans. »

CAFÉ MAILLARD. *Rue Saint-Martin, vis à vis de la rue aux Ours.*

Sa clientèle se composait de négociants, de banquiers, d'agents de change. On y jouait beaucoup aux dames.

CAFÉ DE MALTE. *Rue Saint-Antoine.*

Le propriétaire tenait un hôtel garni dans lequel on trouvait des appartements loués de douze à quarante livres par mois. « Ces logemens sont très commodes et très agréables pour un étranger qui aime la société. »

Un autre CAFÉ DE MALTE exista pendant quelque temps sur le *quai Pelletier.*

Voy. Croix de Malte et Ordre de Malte.

CAFÉ MANOURY dit aussi CAFÉ DU QUAI DE L'ÉCOLE. *Quai de l'École*[1].

C'est, je crois, celui qui porta d'abord le nom de *café Gradot.* Je l'ai mentionné déjà. En 1726, il partageait avec le café Procope et le café du Parnasse l'honneur de recevoir des littérateurs et des savants. On y rencontrait Lamotte, Saurin, Maupertuis[2], Lafaye, Nicole, Melon, etc. « La Faye,

---

[1] Il y avait un « Hiérôme Manoury » établi quai des Célestins en 1718. Voy. *Liste des maistres distillateurs, marchands d'eau de vie et de toutes sortes de liqueurs, suivant l'ordre de leur réception.* 1718. Grande feuille in-folio destinée à être affichée; elle mesure 0,72 de haut sur 0,44 de large. (Bibliothèque nationale, manuscrits, fonds français, n° 21,668, f° 120.)

[2] « M. de Maupertuis avoit commencé par être bel esprit; je l'ai vu, dans ma grande jeunesse, suivre M. de Lamotte au café de Gradot. » C. Collé, *Journal,* août 1759, t. II, p. 189.

écrit Duclos, m'avoit mené chez Gradot pour me
faire connoître, me dit-il, le plus aimable des gens
de lettres ; et j'en jugeai comme lui. C'étoit Lamotte. Après avoir vécu dans les meilleures sociétés
de Paris et de la Cour, devenu aveugle et perclus
des jambes, il étoit réduit à se faire porter en chaise
au café de Gradot, pour se distraire de ses maux
dans la conversation de plusieurs savans ou gens
de lettres qui s'y rendoient à certaines heures. J'y
trouvai Maupertuis, Saurin, Nicole, tous trois de
l'Académie des sciences ; Melon, auteur du premier
traité sur le commerce ; et beaucoup d'autres qui
cultivoient les lettres. Lamotte étoit le point de
réunion de l'assemblée, et personne n'y étoit plus
propre que lui, par le ton de politesse qu'il mettoit
dans la discussion[1]. »

A la fin du siècle, ce café fut fréquenté par une
clientèle bien différente, celle des joueurs d'échecs
et de dames. Il eut alors pour propriétaire le sieur
Manoury, qui publia en 1770 un traité du jeu de
dames à la polonaise et une notice sur l'origine de
ce jeu. Grimm écrivait au mois de décembre :
« M. Manoury, limonadier, qui tient le célèbre
café du quai de l'École, vient de publier un *Essai
sur le jeu de dames à la Polonaise*, brochure in-12.
M. le limonadier nous développe leurs principes et
nous donne une suite de coups brillants et de fines
parties[2]. » L'article relatif à l'origine de ce jeu

[1] Duclos, *OEuvres*, édit. Auger, t. I, p. cx.
[2] *Correspondance de Grimm, Diderot*, etc., édit. Tourneux, t. IX, p. 183.

avait paru dans le *Mercure* d'août 1770; il est signé :
« M. Manoury, marchand limonadier, au coin du
quai de l'École[1]. »

CAFÉ DE LA MARINE. *Rue des Petits-Champs.*

CAFÉ MARION. *Impasse de l'Opéra, aujourd'hui
rue de Valois.*

Un des plus anciens cafés de Paris. C'est là, raconte-
t-on, qu'en 1671 se réfugia Lafontaine pendant la
première représentation de son opéra d'*Astrée;* il
avait quitté la salle parce que la pièce l'ennuyait
trop, dit-il à un de ses amis qui le trouva endormi
dans le café[2].

On y rencontrait surtout des musiciens et des littérateurs, Lamotte entre autres, que nous avons
déjà trouvé chez la Laurent et chez Manoury. Quand
Guyot Desfontaines publia la troisième édition de
son *Dictionnaire néologique*[3], il avait, paraît-il, l'intention de placer en tête du volume une estampe[4],
représentant le café de la veuve Marion. « On devoit
y voir, d'un côté la dame Marion assise, et de l'autre
M. de Lamotte environné de ses partisans, avec ce
vers :

Inficiunt pariter linguas isti, illa liquores.

---

[1] *Réponse à la question sur l'origine du jeu de dames à la
Polonaise,* p. 193.

[2] Voy. Laharpe, *Cours de littérature,* t. VI, p. 376. — Je
ne cite cette anecdote que pour avoir l'occasion de la déclarer apocryphe. Voy. C.-A. Walckenaer, *Histoire de la vie
et des ouvrages de Lafontaine,* éd. de 1858, t. II, p. 243.

[3] *Dictionnaire néologique à l'usage des beaux esprits du
siècle,* 3ᵉ édit., 1728, in-12.

[4] Elle n'existe dans aucun des trois exemplaires que j'ai vus.

Ce vers fut ainsi paraphrasé :

Cette vieille affamée et ces fades rimeurs
Sous un semblable maître ont fait apprentissage,
Tandis que celle-ci frelate ses liqueurs,
Ses chalands, à l'envi, corrompent le langage[1].

CAFÉ MÉCANIQUE. *Au Palais-Royal.*

« Ce café mérite d'être visité, par la singularité du méchanisme qui fait monter de dessous la table la boisson qu'on demande. Il s'agit de dire des paroles par un trou pratiqué à chaque table; un instant après, et comme par enchantement, s'élève ce que vous avez demandé. Et cela s'engloutit de même à votre volonté[2]. »

CAFÉ DES MENUS PLAISIRS. *Rue Saint-Honoré, à l'angle de la rue d'Orléans.*

CAFÉ MILITAIRE. *Rue Saint-Honoré.*

« Un des plus beaux de la capitale, est, pour ainsi dire, le rendez-vous de tous les officiers. Sur le plat-fond est cette jolie épigraphe : Hic virtus bellica gaudet[3]. »

Saint-Foix en fournit une description complète : « J'ai voulu voir le café militaire où tout Paris se portoit à cause des ornemens nobles et nouveaux dont il est décoré. L'idée de cette décoration m'a paru très ingénieuse. L'auteur suppose que des militaires, sortant d'un combat, arrivent dans un endroit de délassement, assemblent leurs piques,

[1] A.-L. Millin, *Magasin encyclopédique*, VIIIe année, t. V (1803), p. 197.
[2] *Étrennes aux amateurs de café*, p. 62.
[3] *Almanach Dauphin.*

les lient avec les lauriers de la Victoire, et les coëffent pittoresquement de leurs casques. Il en résulte, dans toute l'étendue de la salle, l'effet de douze colonnes triomphales qui se répètent à l'infini par la magie des glaces. Les casques sont d'un beau choix et bien contrastés ; ils caractérisent, sous des emblèmes différens, les héros et les dieux de l'antiquité.

« Des trophées chargés de dépouilles, d'étendarts, de couronnes, etc., lient cette ordonnance que les repos, artistement ménagés, contribuent beaucoup à faire valoir. Enfin, tout y est riche, grand, simple et respire la belle et saine antiquité. Il est singulier qu'un caffé porte l'empreinte du vrai goût et nous en offre le modèle, tandis que plusieurs de nos palais, de nos hôtels, de nos maisons, de nos temples même, ne nous présentent que des ornemens mesquins et frivoles, malheureusement trop analogues au caractère d'esprit de ce siècle [1]. »

CAFÉ DES MILLE COLONNES. *Au Palais-Royal.*

Il recevait beaucoup d'étrangers et de militaires. On le disait surtout remarquable « par le nombre et le volume de ses glaces, dans lesquelles il se multiplie à l'infini. »

CAFÉ DES MOUSQUETAIRES. *Rue du Bac.*

La caserne des mousquetaires gris était située au commencement de la rue du Bac, près du quai. Démolie vers 1780, elle fut remplacée par le marché de Boulainvillier.

CAFÉ DES MUSES. Voy. Café Allemand.

[1] Poullain de Saint-Foix, *Essais historiques sur Paris*, (1777), t. VII, p. 85.

Café Onfroy. Voy. Café Cuisinier.

Café de l'Opéra. *Rue Saint-Honoré, près du Palais-Royal.*

Il eut pendant longtemps le privilège de fournir les raffraîchissements destinés au théâtre de l'Opéra. Voy. ci-dessus Café des Arts.

Café de l'Ordre de Malte. *Rue de Grenelle.*

Café du Parnasse. *Quai de l'École, « sur la gauche, à la descente du Pont-Neuf[1]. »*

Café tenu en 1714 par le sieur Poincelet. Un ou deux ans auparavant, il avait eu l'art d'attirer chez lui la clientèle de poètes qui se réunissait au café Laurent. Le poète Limojon de Saint-Didier le déplore en ces termes :

Mais ces esprits légers ne lui font plus leur cour[2],
Et depuis deux moissons ont changé de séjour.
Attirez par l'éclat et du marbre et des lustres,
On voit chez Poincelet ces poëtes illustres.
Ils y viennent en foule avaler à longs traits
Les flots noirs et fumans qu'on y tient toujours prests.
Par un lâche dégoust ennemis de la peine,
Ils préfèrent cet antre à la docte fontaine.
Mille nouveaux auteurs rassemblez dans ces lieux
Méprisent d'Apollon le pouvoir glorieux.
C'est là qu'est leur Parnasse, et dans leurs froids
                                        [ouvrages
Ils n'ont pour s'exciter que leurs propres suffrages.
Là se lisent les vers qu'on veut produire au jour,
Là chacun vient d'encens s'enyvrer tour à tour.

---

[1] Dit Nemeitz, *Séjour de Paris.* Voy. ci-dessus, p. 223.
[2] A la vieille Laurent. Voy. ci-dessus, p 280.

De la cime du Pinde Apollon les observe :
Ah! qu'ils riment, dit-il, en dépit de Minerve,
Qu'ils n'éprouvent jamais ma divine fureur,
Je ne puis mieux punir leur orgueilleuse erreur.
A ces mots, du café l'ignorance s'empare,
Leur jugement se trouble et leur esprit s'égare,
Le bon goût à leurs yeux n'ose plus se montrer;
Livrez à leur caprice, ils font gloire d'errer[1].

Le café Laurent était mal décoré et très sombre. Comme on le voit, le café du Parnasse au contraire avait des tables de marbre et des lustres. L'enseigne représentait Apollon et les Muses surmontant les mots : AU PARNASSE.

Je crois que le café du Parnasse devint dans la suite le *café sans pareil*, qui était tenu en 1777 par un sieur Salesse. « Ce caffé, disait alors l'*Almanach Dauphin*, est un des plus beaux de cette capitale, par son emplacement et la superbe boiserie dont il est décoré[2]. »

CAFÉ DE LA PLACE DU PALAIS-ROYAL. Voy. Café de la Régence.

CAFÉ POINCELET. Voy. Café du Parnasse.

CAFÉ DU PONT-NEUF, devenu ensuite CAFÉ CONTI. *A l'angle du quai Conti et de la rue Dauphine.*

« Ce caffé, un des plus élégans de cette capitale et un des plus agréablement situés, est aussi un des plus suivis par les Anglois, qui y trouvent les papiers publics en langue nationale[3]. »

---

[1] *Le voyage du Parnasse*, p. 103.
[2] Première partie, au mot *Limonadiers*.
[3] *Almanach Dauphin*.

Je rencontre, en effet, les lignes suivantes dans un manuscrit encore inédit : « 17 *décembre* 1776. Le sieur Félix, marchand limonadier au bas du Pont-Neuf, au coin de la rue Dauphine, a commencé à m'envoyer les gazettes angloises. J'ai reçu *L'evening post* du 6 décembre, que j'ai renvoyé le lendemain [1]. »

Ce café devait surtout sa renommée à la situation qu'il occupait à l'extrémité du Pont-Neuf, regardé encore, une dizaine d'années avant la Révolution, comme le point central de Paris.

« Le Pont-Neuf est dans la ville ce que le cœur est dans le corps humain, le centre du mouvement et de la circulation. Le flux et le reflux des habitans et des étrangers frappent tellement ce passage que pour rencontrer les personnes qu'on cherche, il suffit de s'y promener une heure chaque jour. Les mouchards se plantent là, et quand au bout de quelques jours ils ne voient pas leur homme, ils affirment positivement qu'il est hors de Paris [2]. »

« Le café Conti, qui fait le coin de la rue de Thionville [3] et du quai Conti, aujourd'hui quai de la Monnaie, est très ancien. Avant la Révolution, lorsqu'un étranger ignorait la demeure d'une personne de sa connaissance, il allait deux ou trois fois de suite au café Conti; il était sûr, en observant,

[1] Carnet d'un Parisien pour les années 1775, 1776, 1777 et 1778. Bibliothèque nationale, *fonds des nouvelles acquisitions*, n° 4,444.

[2] Mercier, *Tableau de Paris* (1782), t. I, p. 156.

[3] Nom qui fut donné à la rue Dauphine par arrêté du 27 octobre 1792.

de voir passer celui qu'il cherchait. On disait aussi que l'on voyait, toutes les demi-heures, passer sur ce pont un abbé, un Bénédictin, un Génovéfin, un Capucin, un chevalier de Saint-Louis, un garde française, une femme publique et un cheval blanc. Ce fait s'est vérifié plusieurs fois.

Aujourd'hui les habitués du café Conti sont des hommes de loi, des rentiers, des anciens syndics de communauté qui y vont tous les soirs faire leur partie de dames ou d'échecs. Le plus grand calme y règne ; jamais le limonadier ne se mêle de la conversation ; il ne prononce que ces mots : « Garçon, servez du chocolat, du café, un verre de liqueur, etc. » Tout ce qu'on y prend est de bonne qualité[1]. »

CAFÉ DU PONT SAINT-MICHEL. Voy. Café Cuisinier.

CAFÉ DE LA PORTE MONTMARTRE. *Rue Montmartre.*

Il avait pour clients des négociants, des agioteurs, etc.

CAFÉ PROCOPE. *Rue de la Comédie-Française, aujourd'hui rue de l'Ancienne-Comédie.*

J'ai parlé déjà de cet établissement[2], le plus célèbre de nos cafés littéraires. On a vu qu'il fut fondé, vers 1700, par le gentilhomme sicilien Francesco-Procopio dei Coltelli, qui se fit appeler en français Procope Couteau. Il eut pour successeur son fils Alexandre, qui mourut en 1653. La maison passa alors au sieur Dubuisson, et elle était tenue vers 1797 par un sieur Zoppi[3].

[1] L. Prudhomme, t. III, p. 283 et 293.
[2] Voy. ci-dessus, p. 45.
[3] « Cette boutique porte depuis quelques jours le nom de

On rencontrait au café Procope la plupart des
beaux esprits de Paris. Voltaire disait du poète Li-
nant : « Il se croit un personnage, parce qu'il va au
théâtre et chez Procope[1]. » Les écrivains qui y ont
surtout laissé des souvenirs sont Boindin, Lafaye,
Terrasson, Freret, Piron, Desfontaines, Duclos,
Mercier, etc. On cite souvent parmi ses habitués
Voltaire, mais le fait est bien douteux, car il écrivait à Dorat le 6 août 1770 : « Je n'ai jamais fréquenté aucun café[2]. »

Duclos nous a transmis quelques fragments d'une
conversation à laquelle il prit part au café Procope
vers 1726, et qui donne une idée assez exacte de la
façon dont on discutait dans ce milieu.

« Un jour, dit-il, avant d'entrer à la comédie,
que je suivois plus que les écoles, je m'arrêtai au
café Procope, où l'on dissertoit sur la pièce qui se
jouoit alors. Quelques bonnes observations que j'en-
endis, me donnèrent envie d'y revenir...

Je retournai chez Procope. Je trouvai, en y entrant, qu'on y traitoit un point de métaphysique,
et que Fréret et Boindin étoient les tenants de la
dispute. Le premier étoit l'homme de la plus vaste
et de la plus profonde érudition que j'aie connu, et
ses connoissances portoient sur une forte base de
philosophie. L'autre, avec beaucoup de sagacité,
parloit avec une éloquence véhémente, sans en être

Zoppi, » écrit P. de la Mésangère. *Le voyageur à Paris,
tableau pittoresque et moral de cette capitale.* 1797, in-18,
t. I, p. 36.

[1] *Lettre* du 27 février 1734, t. LI, p. 473.
[2] Tome LXVI, p. 374.

moins correct dans la langue. Il ne montroit jamais
plus d'esprit dans une dispute que lorsqu'il avoit
tort, ce qui lui arrivoit assez quand il ne parloit pas
le premier, attendu qu'il étoit naturellement con-
tradicteur. Une pièce étoit-elle mal reçue, il en re-
levoit les beaux endroits, et la défendoit vivement.
Étoit-elle applaudie, il en découvroit très finement
et en montroit les moindres défauts... J'ai toujours
trouvé Boindin très raisonnable dans le tête-à-tête ;
mais aussitôt qu'il se voyoit au milieu d'un auditoire, comme au café, il ambitionnoit les applaudissemens que lui attiroit son éloquence. A
soixante ans passés, il avoit encore cette passion
puérile...

J'étois donc arrivé au café au plus fort de la discussion métaphysique. Après avoir entendu quelque temps les deux acteurs, je hasardai sur la
question quelques mots qui attirèrent leur attention. L'auditoire parut surpris qu'un jeune homme
osât se mesurer avec de tels athlètes. Cependant ils
me firent accueil l'un et l'autre, et m'invitèrent à
revenir. Je n'y manquai pas, et, comme j'y trouvois
toujours Boindin, je devins bientôt son antagoniste,
et partageois avec lui l'attention de l'auditoire, qui
m'affectionnoit de préférence, parce que Boindin
avoit la contradiction dure, et que je l'avois gaie.
Il s'agissoit un jour, entre lui et moi, de savoir si
l'ordre de l'univers pouvoit s'accorder aussi bien
avec le polythéisme qu'avec un seul Être suprême.
Je soutenois l'unité de l'Être nécessaire, et Boindin
prétendoit pouvoir concilier tout avec la pluralité
des dieux. Il n'y avoit point de sophisme qu'il

n'employât pour étayer son système. L'assemblée étoit nombreuse et attentive [1]... »

Le café Procope n'avait rien perdu de sa réputation à la fin du dix-huitième siècle, mais la littérature et la philosophie y avaient été peu à peu délaissées pour la politique : « Notre chambre des Communes, écrivait Séb. Mercier en 1788, est à l'ancien café Procope, vis-à-vis l'ancienne Comédie Française ; on l'appelle ainsi par dérision, parce que c'est le lieu où l'on fronde le plus les opérations de la Cour ; ainsi on parodie le sanctuaire de la liberté anglaise [2]. »

On sait qu'après avoir traversé bien des vicissitudes, le café Procope existe encore dans son local primitif, qui porte aujourd'hui rue de l'Ancienne-Comédie le numéro 13.

CAFÉ DU PROPHÈTE ÉLIE. *Rue Saint-Honoré, à l'angle de la rue du Four.*

« Un des plus anciens, des plus renommés et des plus beaux de cette capitale, est composé et suivi des meilleurs négocians. » En 1760, il était tenu par un nommé Chevin, qui en 1777 avait eu pour successeur un sieur Gibus.

CAFÉ DES PROVENÇAUX. *Rue Saint-Honoré.*

CAFÉ DES QUATRE ÉLÉMENS. *Rue de Grenelle Saint-Honoré, en face de l'Hôtel des Fermes.*

« Ce café, un des plus élégans et des mieux ornés de cette capitale, est particulièrement suivi des employés des Fermes et de l'hôtel royal des Postes. »

---

[1] Duclos, *OEuvres*, édit. Auger, t. I, p. xcvi et suiv
[2] *Tableau de Paris*, t. XI, p. 125.

L'hôtel des Fermes générales (ancien hôtel Séguier) était situé rue de Grenelle, et l'hôtel des Postes (ancien hôtel d'Épernon) était situé rue Plâtrière : ces deux rues réunies forment aujourd'hui la rue J.-J. Rousseau.

CAFÉ DE LA RÉGENCE. *Place du Palais-Royal, à l'angle de la rue Saint-Honoré.*

Il s'appela d'abord *café de la Place du Palais-Royal,* et ne put naturellement devenir café de la Régence avant 1715. Son premier propriétaire fut un nommé Lefèvre, qui eut pour successeur un sieur Leclerc. Enfin, un passage de Diderot nous apprend que, vers 1762, Leclerc avait cédé la place à un sieur Rey :

« Qu'il fasse beau, qu'il fasse laid, c'est mon habitude d'aller sur les cinq heures du soir me promener au Palais-Royal. C'est moi qu'on voit toujours seul, rêvant sur le banc d'Argenson. Je m'entretiens avec moi-même de politique, d'amour, de goût ou de philosophie... Si le temps est froid ou pluvieux, je me réfugie au café de la Régence. Là, je m'amuse à voir jouer aux échecs. Paris est l'endroit du monde, et le café de la Régence est l'endroit de Paris où l'on joue le mieux à ce jeu; c'est chez Rey que font assaut le Légal profond, Philidor le subtil, le solide Mayot... Une après-dînée j'étois là, regardant beaucoup, parlant peu et écoutant le moins que je pouvois [1]... »

Rey. « ancien officier de M. le duc d'Orléans, » officier de cuisine, s'entend, tenait encore le café

[1] *Le neveu de Rameau,* édit. Assézat, t. V, p. **287**.

de la Régence en 1777, et l'*Almanach Dauphin* lui
rend alors ce témoignage que son établissement
était « un des plus anciens et des plus renommés,
très bien composé et suivi des plus habiles joueurs
d'échets [1]. »

Il ne faudrait pourtant pas croire que l'on y rencontrât seulement des joueurs d'échecs. Comme ce
jeu était cultivé par nombre de beaux esprits, la Régence, aussi bien que le Parnasse, Procope ou les
Muses, peut revendiquer l'honneur d'avoir été un
café littéraire. Chamfort, Sainte-Foix, Rousseau,
Marmontel, Le Sage, Grimm, Franklin ont figuré
parmi ses habitués. Mais il se distinguait de ses con-
frères en littérature par le calme qui ne cessait d'y
régner : « Vous voyez, écrivait Lesage, dans une vaste
salle ornée de lustres et de glaces, une vingtaine de
graves personnages, qui joüent aux dames ou aux
échecs sur des tables de marbre, et qui sont entou-
rés de spectateurs attentifs à les voir joüer. Les uns
et les autres gardent un si profond silence qu'on
n'entend dans la salle aucun bruit que celui que
font les joüeurs en remuant leurs pièces. Il me
semble qu'on pourroit justement appeller un pareil
caffé le caffé d'Harpocrate. Véritablement, c'est un
endroit où l'on peut dire qu'on est comme dans
une solitude, quoique l'on soit avec soixante personnes [2]. »

En 1770, Rousseau, rentré à Paris et ayant dé-
pouillé son costume arménien, se montra plusieurs

[1] Au mot *Limonadiers.*
[2] *La valise trouvée*, 1re partie, p. 66.

fois au café de la Régence. Sa présence y attira une telle foule[1] que la police finit par lui défendre de se montrer en public[2].

CAFÉ DE LA RENOMMÉE. *Sous la voûte du Grand-Châtelet.*

« Ce caffé est orné au dedans d'une boiserie et au dehors d'une Renommée dont la sculpture est regardée par les connoisseurs comme un chef-d'œuvre de l'art. » L'emplacement du Grand-Châtelet[3] se retrouve dans la place du Châtelet actuelle.

---

[1] « Jean-Jacques Rousseau, las de son obscurité et de ne plus occuper le public, s'est rendu dans cette capitale, et s'est présenté il y a quelques jours au café de la Régence, où il s'est bientôt attroupé un monde considérable. Notre philosophe cynique a soutenu ce petit triomphe avec une grande modestie... »

« Le sieur J.-J. Rousseau, après s'être montré quelquefois au café de la Régence, où son amour-propre a été flatté d'éprouver qu'il faisoit la même sensation qu'autrefois, et que sa renommée attiroit encore la foule sur ses pas, s'est enveloppé dans sa modestie; il est rentré dans son obscurité, satisfait de cet éclat momentané... »

Mémoires secrets dits de Bachaumont, 1er et 7 juillet 1770, t. V, p. 133 et 136.

[2] « Rousseau s'est montré plusieurs fois au café de la Régence, sa présence y a attiré une foule prodigieuse, et la populace s'est même attroupée sur la place pour le voir passer... On fit cesser cette représentation en exhortant M. Rousseau à ne plus paraître ni à ce café, ni dans aucun autre lieu public. En effet, il suffiroit d'une mauvaise tête parmi nos seigneurs les conseillers des enquêtes pour le dénoncer, et obliger le procureur général de poursuivre le décret de prise de corps, qui subsiste toujours; ce qui forceroit le pauvre Jean-Jacques à s'éloigner de nouveau. » *Correspondance de Grimm, Diderot*, etc., t. IX, p. 91.

[3] Démoli en 1802.

Café de la Rotonde. *Au Palais-Royal.*

Ce café « est la réunion de tous les marchands et négocians des départemens. Dans l'intérieur, on vend de la bière, et dans le pavillon qui est dans le jardin, glaces, sorbets et groseilles, etc. Le soir, cette rotonde est très-bien éclairée ; elle sert de fanal aux personnes qui ont adopté cette terrasse, ainsi qu'aux jolies femmes galantes. A l'issue de la promenade, on y voit prendre maritalement des glaces [1]. »

Le café de la Rotonde était orné de paysages peints par Hubert Robert, le même à qui Voltaire commanda les décors du théâtre qu'il monta à Ferney.

Café Salesse. Voy. Café du Parnasse.

Café de la Samaritaine. Voy. Café du Parnasse.

Café Sans pareil. Voy. Café du Parnasse.

Café de Santé. *Rue des Poulies.*

Café du Sauvage. Voy. Café du Caveau.

Café Turc. *Boulevard du Temple.*

Remarquable par sa décoration, qui était l'œuvre de Visconti. « Ce café est un des plus suivis et des mieux composés du boulevard. »

Café de Valois. *Au Palais-Royal.*

Ce café avait une clientèle de gens tranquilles, qui cultivaient les dominos, les dames et les échecs.

Café Vizeux. *Rue Mazarine.*

Un des établissements fréquentés par des littérateurs. Fréron fut un de ses habitués [2].

[1] Prudhomme, t. V, p. 249.
[2] Voy. Voltaire, *Lettre* du 6 août 1770.

ÉCLAIRCISSEMENTS

I. Premiers statuts des limonadiers. Janvier 1676. — II. Extrait de *La maison réglée*, par Audiger. Année 1692. — III. Privilège accordé au sieur Damame. Janvier 1692. — IV. Arrêt réduisant le prix du café. Août 1692. — V. Révocation du privilège accordé au sieur Damame. Mai 1693.

I

PREMIERS STATUTS DES LIMONADIERS[1].

[28 Janvier 1676]

I. Les maîtres limonadiers marchands d'eau-de-vie auront la faculté d'achetter, faire et vendre de l'eau-de-vie en gros, en détail, et même d'en faire venir des provinces et des païs étrangers, et d'en envoyer ainsi que bon leur semblera. Avec prohibition à toutes personnes sans qualité, et qui ne sont point maîtres d'une communauté qui soit en droit et en possession de vendre de l'eau-de-vie, de faire ladite profession, d'en tenir magazin ou boutique

[1] Voy. ci-dessus, p. 197.

17.

ouverte, ni d'en vendre dans leurs maisons. Sans préjudice à ceux qui ont accoûtumé de vendre de l'eau-de-vie en détail par les rues, d'en exposer et vendre sur des escabelles ou tables, de continuer leur petit commerce, ainsi qu'ils ont fait par le passé, sans pouvoir néanmoins se dire maîtres, ni joüir des autres droits à eux accordez.

II. Leur sera aussi permis de vendre toutes sortes de vins d'Espagne, vins muscats, vins de Saint-Laurens et de la Cioutat, de la Malvoisie et de tous les vins compris sous le nom et la qualité de vins de liqueur ; ensemble de composer et vendre toutes sortes de rossoly, populo, esprit de vin, et autres liqueurs et essences de pareille qualité.

III. Auront, à l'exclusion de tous autres marchands et artisans, la faculté de composer et vendre toutes limonades ambrées, parfumées, et autres eaux de gelées et glaces, de fruits et de fleurs, même les eaux d'anis, et de cannelle et franchipane, de l'aigre de cèdre, du sorbec et du caffé en grain, en poudre et en boisson.

IV. Pourront aussi vendre des serises, framboises et autres fruits confits dans l'eau-de-vie, avec des noix confites et dragées en détail.

V. En vertu de leurs lettres de réception de marchands d'eau-de-vie, ils pourront vendre et débiter sans prendre aucunes lettres de regrat, les mêmes choses qu'ils vendoient auparavant jusqu'à présent en vertu desdites lettres.

VI. La communauté aura quatre jurez qui seront élûs par les suffrages de tous les maîtres, à la pluralité des voix, en présence de l'un de nos procureurs au Châtelet, le [1] de chacune année, et sera par chaque année élû deux jurez, et les deux jurez nouvellement élûs auront soin du service et de tout ce qui concerne la confrairie.

VII. Les jurez auront soin de toutes les affaires de la communauté, avec droit de visite chez tous les maîtres, lesquels ne seront sujets à la visite d'aucuns autres gardes ou jurez d'aucune autre communauté.

VIII. Les jurez seront tenus faire leur visite chez tous les maîtres au moins deux fois l'année. Et sera payé par chacun maître dix sols aux jurez pour chacune visite, qui est à raison de vingt sols par an. Payeront aussi tous les maîtres pareille somme de vingt sols par chacun an pour leur droit de confrairie.

IX. Aucun aspirant ne pourra être reçû à la maîtrise qu'il n'ait fait apprentissage pendant trois ans chez un des maîtres de la communauté. Et seront les apprentifs obligés par brevets en bonne forme, passés pardevant notaires et registrés sur le livre de la communauté en la chambre de l'un de nos procureurs aux Châtelets.

X. Tous les maîtres ne pourront avoir en même temps qu'un seul apprentif. Pourront néanmoins avoir plusieurs compagnons, pour lesquels ils seront tenus de choisir ceux qui auront fait leur temps d'apprentissage, à l'exclusion des étrangers. Et ne pourront les maîtres débaucher les compagnons engagés chez les autres maîtres, ni leur donner à travailler ou les recevoir à leur service, sans en

La date est restée en blanc.

avoir auparavant demandé la permission au maître
chez lequel ledit compagnon étoit engagé.

XI. La communauté sera composée de deux cent
cinquante maîtres ; et après que le nombre aura été
une fois rempli, aucun ne pourra être reçu qu'il
n'ait fait apprentissage et chef-d'œuvre. Et sera la
communauté exempte de toutes les lettres de maîtrise qui sont par Nous accordées ; desquelles lettres
Nous déchargeons ladite communauté, dérogeant à
cet effet à tous édits et lettres à ce contraires, et ce
en considération des sommes qu'ils ont présentement financées en Nos coffres pour l'établissement
dudit métier.

XII. Les aspirans, lorsqu'ils seront reçus, payeront une somme de douze livres à la boëte[1], pour
subvenir aux affaires de la communauté, outre
quarante sols à chacun des jurez pour tous droits
de donner, voir faire et recevoir lesdits chef-d'œuvres, et pour assister à la prestation de serment. Avec
défences à eux d'exiger aucuns festins, ni même
d'en recevoir volontairement, à peine de con-
cussion.

XIII. Les fils des maîtres et ceux qui auront
épousé les filles de maîtres seront reçus sans faire
chef-d'œuvre ; même les fils de maîtres, sans avoir
fait apprentissage ; feront seulement une légère
expérience, et payeront demi droit aux jurez[2].

---

[1] A la caisse de la communauté.
[2] Sur le droit de visite des jurés, l'exemption des lettres
de maîtrise créées par le roi, le chef-d'œuvre et l'expérience,
voy. *Comment on devenait patron.*

Donné à Saint-Germain en Laye, le 28ᵉ janvier 1676.

II

EXTRAIT DE *La maison réglée* PAR AUDIGER [1].

[Année 1692]

... En mesme temps, sa Majesté ordonna à Monsieur Bontems[2] de me donner un présent en argent, mais je le remerciay, et luy dis que je voulois demander à sa Majesté le privilège et la permission de faire et faire faire, vendre et débiter toutes sortes de liqueurs à la mode d'Italie, tant à la Cour et suite de sa Majesté qu'en toute autre ville du royaume, avec défenses à tous autres d'en vendre ny débiter à mon préjudice. Monsieur Bontems me dit aussi-tost que cela estoit bon, et qu'il croyoit qu'il ne me seroit pas refusé.

Au mois de mars ensuivant[3] j'en donnay mon placet au Roy estant à Vincennes, qui me renvoya à Monsieur Le Tellier pour luy demander si cela se pouvoit. Je le fus trouver, et l'ayant rencontré au bas de l'escalier, je luy présentay le placet que le Roy m'avoit rendu pour qu'il eust à y faire

------

[1] Voy. ci-dessus, p. 193, et les *Variétés gastronomiques*, p. 217.

[2] Premier valet de chambre du roi.

[3] De l'année 1660.

réponse, ainsi que sa Majesté l'avoit ordonné. Il
le vid, et me dit aussi-tost en riant que sa Majesté
pouvoit m'accorder ce que je luy demandois par
iceluy, qu'il ne croyoit pas que personne s'y oppo-
sast, attendu qu'il n'y avoit personne en France
qui sçût la composition de ces liqueurs-là et qui se
meslast d'en faire négoce, et qu'il me serviroit en
cela autant qu'il le pourroit. En mesme tems je
remontay avec luy chez le Roy, et si-tost que sa
Majesté m'apperceut avec luy, Elle luy dit encore
de voir si Elle me pouvoit donner le privilège que
j'avois pris la liberté de luy demander. Monsieur
Le Tellier luy ayant répondu qu'oüi, Elle luy
ordonna aussi-tost de m'en faire expédier les
lettres.

Peu de temps après, Monsieur le cardinal estant
mort [1], la Cour alla à Compiègne et ensuite à Fontaine-bleau, où la Reine accoucha de Monseigneur
le Dauphin. Moy sollicitant toûjours mon brevet,
j'y fus aussi trouver Monsieur Le Tellier qui me le
délivra luy-mesme, en me priant d'apprendre quelque chose à son officier touchant les eaux et les
liqueurs; ce que je luy promis. Il me dit après de
porter mon brevet à Monsieur Herval, greffier du
Conseil, et qu'il auroit la bonté de l'appuyer : ce
qui fut fait et accordé ainsi que je le souhaitois.
Je le retiray ensuite des mains de Monsieur Herval,
et le portay à Monsieur le chancelier Séguier, qui
me dit qu'il falloit attendre pour voir si personne
ne s'y opposeroit point. Ce qui l'obligea à me faire

[1] Le 9 mars 1661.

cette difficulté, est que Monsieur le comte de Guiche, qui avoit épousé sa petite-fille, et qui n'estoit pas bien avec elle, avoit parlé pour moy et cherché les moyens de me rendre service en cette affaire. Ainsi je raportay mes lettres sans estre scellées, et les mis dans un coffre jusques à quelqu'autre moment plus favorable.

Enfin, poursuivant toûjours ma pointe, je donnay plusieurs placets au Roy pour luy faire connoistre que Monsieur le chancelier n'avoit point voulu sceller mes lettres, et que cela m'avoit fait perdre bien du temps et dépenser tout mon argent. Et ayant un jour trouvé moyen d'en parler plus commodément à sa Majesté, Elle me dit qu'Elle en estoit fachée, mais qu'Elle n'y pouvoit que faire, et que je demandasse quelqu'autre chose, qu'Elle me l'accorderoit. Mais n'ayant rien trouvé de propre à luy demander pour le moment, je ne songeay plus qu'à prendre party ailleurs.

Enfin, quelques mois après, étant entré chez Madame la comtesse de Soissons en qualité de faiseur de liqueurs, j'eus l'honneur d'en faire dès le premier jour, dont elle fit boire et manger au Roy, en une espèce de collation qu'elle donna le lendemain chez elle à sa Majesté qui les trouva fort bonnes, ainsi que Monsieur et plusieurs autres seigneurs et dames de la Cour qui se trouvèrent à ce régal. Cela estant fait, et Madame la comtesse ayant connu par là que je n'ignorois rien sur l'article, m'en témoigna sa satisfaction. Mais comme dans la suite je ne me trouvay pas assez employé, je m'en plaignis à elle, et luy fis voir une lettre que

la reine de Pologne, qui estoit pour lors la princesse Marie, m'avoit fait écrire pour aller la trouver
et servir en qualité de chef d'office, confiseur et
faiseur de liqueurs, moyennant huit cens francs
d'appointement, avec permission de prendre des
apprentifs. Madame la comtesse ayant vû par là que
je sçavois aussi l'office, elle me dit qu'elle feroit
aussi bien ma fortune que la reine de Pologne, et
qu'elle vouloit que je demeurasse avec elle. Et pour
me retenir, elle s'informa à Monsieur Le Normand,
controlleur de sa maison, quel employ on pourroit
m'y donner de plus lucratif et de plus convenable
avec les liqueurs; il luy répondit que c'estoit la distribution du pain et du vin, avec le soin de mettre
le couvert et d'avoir le linge et la vaisselle d'argent
entre les mains pour en avoir aussi le soin. Dès le
moment cela fut résolu, et elle luy donna ordre de
me mettre en possession. Ainsi, cela fut séparé de
la fruiterie, et je demeuray ainsi trois ans dans cet
employ, pendant lequel temps j'eus l'honneur de
servir plusieurs fois le Roy et les princes, et toûjours avec assez de satisfaction et d'applaudissement
pour croire que l'on n'en estoit point mal satisfait.

Mais ayant esté au siège de Marsal [1], et de là à la
visite du gouvernement de Champagne avec Monsieur le comte de Soissons, il ne put s'empêcher de
dire à son retour que je m'estois très-bien acquité
de mon devoir, et qu'il estoit fort content de moy;
ce qui donna tant de jalousie à tous les autres officiers que depuis ils ne cherchèrent qu'à me rendre

_____
[1] En 1663.

de mauvais services, et me faire sortir de l'hostel. Ce qui enfin leur réussit, et l'on me donna mon congé sans presque m'en expliquer aucune raison.

Je me retiray ainsi avec beaucoup de chagrin, ce qui m'ayant causé quelques affaires, je me mis dans le régiment de Rouvray de cavalerie, où je fis quelques campagnes. Ensuite de quoy, on me fit avoir une lieutenance d'infanterie dans le régiment de Lorraine, dans la compagnie de Joyau; de laquelle je me démis après la campagne de l'Isle [1] en faveur d'un de mes parens, et revins à Paris où Monsieur le président de Maisons me prit pour son officier. Chez lequel et en son château de Maisons, j'eus l'honneur de donner la première collation que la Reine avec Monseigneur le Dauphin ayent faite hors des maisons royales : où je les servis préférablement aux officiers du Roy, qui enfin me le cédèrent pour les bonnes et solides raisons que je leur alléguay, et qui même me prièrent tous de leur aller prester la main à Versailles, entr'autres Monsieur de Lazur, chef d'office ordinaire, à cause que le Roy pendant quinze jours donnoit de grands cadeaux et de grands divertissemens à toute la Cour. J'en demanday la permission à Monsieur de Maisons, qui me l'accorda. Mais au retour, nous estant broüillez, je le quittay et entray chez Monsieur Colbert, où je demeuray l'espace de deux ans. Pendant lequel temps, Monsieur Colbert donnant à manger au Roy, à la Reine, à Monseigneur et à toute la Cour en sa maison de Sceaux, j'eus encore

[1] La campagne de Lille en 1666.

l'honneur de les y servir en qualité de chef d'office.
Et comme estant la première fois, j'emportay les
soucouppes de cristal, verres et caraffes du Roy,
de la Reine, de Monseigneur le Dauphin et de
Monsieur et de Madame, que Monsieur et Madame
Colbert m'accordèrent.

Quelque temps après, Madame Colbert, qui
estoit fort changeante, voulut faire maison nouvelle,
et sur des bagatelles j'en eus mon congé, ainsi que
ses autres officiers. Mais comme en ce mesme
temps-là on cherchoit un homme pour envoyer en
Hollande pour estre officier de Monsieur de Saint-
Aignan, à présent duc de Beauvilliers, Monsieur
Colbert me proposa luy-mesme; et la chose ayant
esté résoluë, je partis. Et à mon retour je m'établis
une boutique de limonadier dans la place du
Palais-Royal, où pendant douze ans je fournis la
maison du Roy de toutes sortes de liqueurs, ainsi que
tous les grands seigneurs qui se trouvoient en avoir
besoin, et je fus appellé à tous les grands repas et
festins qui se firent lorsque le Roy ordonna à tous
les seigneurs de la Cour de régaler Monsieur
l'évesque de Strabourg. Sa Majesté ayant commencé, tous les autres suivirent. Et Monsieur
de Strabourg voulant régaler à son tour Monseigneur le Dauphin et ensuite tous les autres
seigneurs, j'eus encore l'honneur d'y estre appellé
et d'y fournir toutes les confitures et liqueurs
nécessaires; ce qu'il continua pendant sa vie toutes
les fois qu'il voulut régaler quelqu'un. Monsieur
Rossignol, à un retour de Fontaine-bleau, régala le
Roy et toute la Cour en sa maison de Juvisy, ou

j'eus aussi l'honneur, avec le nommé Rolland, officier de Madame la princesse de Carignan, d'y faire le fruit et toutes les liqueurs, et d'y servir à boire à sa Majesté, à Monsieur èt à Madame, à qui je fis porter la collation par toutes les allées où ils passoient, ce qui leur fit dire plusieurs fois que le jardin estoit par tout rempli de collations.

Lorsque le Roy fut en Flandres à la campagne des Broüettes, Monsieur le Duc [1], qui est aujourd'huy Monsieur le Prince [2], m'envoya chercher pour me mener à Chantilly, où il régala pendant huit jours Madame la princesse de Conty, Madame Colbert et plusieurs autres seigneurs et dames, dont je reçûs beaucoup d'honnestetez sur tout ce que je leur avois fait. Mesme Monsieur le Prince me pria d'apprendre à ses officiers à faire des liqueurs, ce que je fis parce qu'ils estoient tous de mes amis.

L'hyver ensuite, ce mesme prince donna un grand bal à Monseigneur le Dauphin, à Madame la Dauphine et à tous les autres princes et princesses, seigneurs et dames de la Cour, où je fis quantité de liqueurs, d'eaux glacées et autres eaux à boire. Après quoy Monsieur le Prince me fit faire un présent, en me disant qu'il estoit fort content de moy, et que tout ce que j'avois fait s'estoit trouvé admirable.

Monsieur, frère unique du Roy, lorsqu'il traita sa Majesté et toute la Cour à Saint-Cloud, me fit encore la grâce de m'envoyer chercher.

[1] D'Enghien.
[2] De Condé.

Toutes les fois qu'il y régala depuis, j'y fus toûjours appellé pour y faire les liqueurs nécessaires. Lorsqu'il fut à l'armée, ce fut toûjours moy qui luy en fournis pour chaque campagne. Et tous les hyvers il me faisoit faire quantité d'hipocras blanc et rouge, et souvent des collations lorsqu'il venoit à Paris sans ses officiers.

Tout cela n'alloit point ainsi mal pour moy, et je fournirois peut-estre encore, sans un petit différend que j'eus avec Monsieur de Livry au sujet d'un associé qu'il me voulut donner et que je n'acceptay point. Mais enfin, ne fournissant plus, je ne songeay qu'à faire mes affaires d'ailleurs; et comme je connoissois un secrétaire de Monsieur de Riantz, procureur du Roy au Chastelet de Paris, je luy fis voir les lettres du privilège que le Roy m'avoit donné. Il me dit qu'il falloit les montrer à Monsieur de Riantz, qu'il estoit bon amy de Monsieur le chancelier d'Aligre, et qu'il tâcheroit de les faire réussir.

Je les luy portay. Il me promit qu'il en parleroit. Je donnay là-dedans et luy laissay tout entre les mains; mais au lieu d'en parler à mon avantage, il en fit faire une maistrise, qui est celle qu'on voit aujourd'huy, et cela sans m'en donner le moindre avis.

Monsieur le chevalier de Châtillon, qui estoit pour lors garde-du-corps du Roy, demanda à sa Majesté le privilège qu'Elle m'avoit accordé; mais Elle luy dit qu'Elle me l'avoit donné et qu'Elle ne le pouvoit pas donner à deux personnes, et que s'il croyoit le pouvoir faire réussir il falloit qu'il s'accommodast avec moy. Sur cela, il me vint trouver avec Madame sa mère, et me dit que si je luy voulois céder mes droits, il me donneroit mil. pistoles. Alors je fus trouver Monsieur de Riantz pour retirer mes papiers ; mais comme il s'estoit mis en teste cette maistrise afin de recevoir son droit de chacun des maistres, il me dit qu'il ne sçavoit où cela estoit, mais qu'il le chercheroit ou le feroit chercher.

Enfin, lorsque j'y songeois le moins, je sceus qu'il y avoit une maistrise par une assignation qui me fut donnée, portant que j'eusse à me faire recevoir maistre : ce qui m'étonna fort. Je fus aussi tost trouver M. Colbert avec mon assignation, auquel je contay l'établissement de la maistrise de limonadier, et que l'on ne l'avoit pû tirer que sur le privilège que le Roy m'avoit donné. Je luy demanday sa protection là-dessus, et il m'envoya trouver Monsieur des Marest, qui me donna un billet pour aller trouver le partisan [1], qui estoit le sieur de la Ville. J'y fus, et cet homme voyant le billet dont j'estois ainsi porteur de la part de Monsieur Colbert, écrivit à Monsieur de Riantz, procureur du Roy, qu'il eust à me recevoir et à me faire donner mes lettres, attendu que j'avois payé, ce qui pourtant n'estoit pas vray, car jamais je n'en ay rien donné. Et c'est tout ce que j'ai eu pour mon privilège.

[1] Le traitant.

III

PRIVILÈGE ACCORDÉ AU SIEUR DAMAME [1].

[22 Janvier 1692]

Le Roy ayant, par résultat de son Conseil de ce
jourd'huy, traité avec maistre François Damame,
bourgeois de Paris, du privilège de vendre seul, à
l'exclusion de tous autres, pendant six années à
commencer du premier janvier de la présente
année 1692, suivant la Déclaration de sa Majesté
du présent mois, tous les caffez, thez, sorbecs et le
chocolat, avec les drogues dont il est composé,
comme le cacao et la vanille, dans toutes les provinces et villes du royaume, terres et seigneuries
de l'obéissance de sa Majesté; et voulant qu'en
attendant l'enregistrement de ladite Déclaration,
ledit Damame jouisse de l'effet dudit traité, et qu'il
pourvoye aux choses nécessaires pour l'administra-
tion et conservation dudit privilège, et puisse sous-
fermer, soustraiter, commettre et substituer, ainsi
qu'il jugera à propos.

Ouy le rapport du sieur Phelypeaux de Pontchartrain, conseiller ordinaire au Conseil royal,
controlleur général des finances : sa Majesté en son
Conseil, a ordonné et ordonne, qu'en attendant
l'enregistrement de ladite Déclaration où besoin
sera, ledit Damame jouira pendant six années pro-

[1] Voy. ci-dessus, p. 208.

chaines et consécutives, à commencer du premier
janvier de la présente année 1692, du privilège de
vendre, faire vendre et débiter seul, à l'exclusion
de tous autres, tous les caffez tant en fèves qu'en
poudres, le thé, les sorbecs et les chocolats, tant en
pain, roullots, tablettes, pastilles, que de toute
manière qu'il soit mis ; ensemble les drogues dont
il est composé, comme le cacao et la vanille.

Fait S. M. défenses à toutes personnes de s'immiscer en la composition, vente et débit, tant en
gros qu'en détail, desdites drogues et marchandises,
sans la permission expresse et consentement dudit
Damame, à peine de confiscation et de mille livres
d'amende pour la première fois, et de quinze cens
livres et de punition exemplaire en cas de récidive.

Veut sa Majesté que tous les marchands et négotians, tant en gros qu'en détail, qui se trouveront
chargez de caffez en fèves et en poudres, de thez,
sorbecs, chocolats, cacao et vanille au jour de la
publication du présent arrest, soient tenus d'en
faire leurs déclarations aux bureaux dudit Damame
dans le mesme jour : contenant la quantité et qualité desdites marchandises, pour estre icelles pezées,
inventoriées, marquées, cachetées par les commis
et préposez dudit Damame, et icelles déposées dans
ses magazins, et que toutes lesdites marchandises
qui se trouveront n'avoir esté déclarées, inventoriées, cachetées et portées esdits magazins, soient
confisquées, et que les propriétaires, ensemble ceux
qui leur auront presté leur ministère et maisons,
soient condamnez solidairement en quinze cens
livres d'amende : lesquelles confiscation et amende

appartiendront audit Damame; et s'il y a un dénonciateur, veut sa Majesté qu'il luy en soit délivré
le tiers.

Et à l'égard desdites marchandises qui se trouveront dans les ports de mer, villes maritimes et
en la ville de Lyon au jour de ladite publication,
ensemble celles qui viendront à l'avenir tant du
Levant qu'autres païs étrangers, mesme des isles
françoises, et celles qui auront esté prises en mer
par les vaisseaux de sa Majesté et armateurs, ou sur
terre par les gens de guerre, qu'elles ne puissent
estre vendues qu'audit Damame de gré à gré. Et
jusques à ce qu'il soit convenu du prix, que lesdites marchandises soient amenées et conduites
dans ses magazins, pour y estre conservées aux
frais et dépens desdits propriétaires, au cas qu'ils
ne conviennent point du prix, jusqu'à ce qu'ils les
fassent charger et transporter hors le royaume; ce
que sa Majesté leur a permis et permet de faire par
mer seulement.

Fait sa Majesté défenses à toutes personnes de
faire entrer des caffez et sorbecs par d'autres ports
que ceux de Marseille et Rouen, ainsi qu'il est
ordonné pour les marchandises du Levant, à l'exception néanmoins des caffez qui pourront avoir
esté pris en mer et de ceux qui viendront des isles
françoises.

Enjoint Sa Majesté à maistre Pierre Pointeau,
fermier des cinq grosses fermes, ses commis et préposez, de veiller à ce que lesdites marchandises
n'entrent dans le royaume en contravention au
préjudice dudit Damame. Et à cet effet ledit Poin-

teau conviendra avec ledit Damame des moyens
pour empescher lesdites contraventions.

Fait Sa Majesté défenses aux fermiers et maistres
des coches, carrosses et messageries par terre et
par eau, et aux courriers de recevoir, porter et
conduire aucunes desdites drogues et marchandises,
qu'il ne leur soit apparu des congez dudit Damame, à peine de confiscation tant desdites marchandises, que des coches, carrosses, chevaux et
harnois. Et, à cet effet, les marchands, négocians
et autres seront tenus de déclarer dans leurs lettres
de voitures la qualité des marchandises qu'ils don-
neront à voiturer : sur les mesmes peines.

Permet sa Majesté audit Damame d'établir en
toutes les villes du royaume, en celles de nouvelles
conquestes, dans les foires et marchez, et ès camps
et armées, Cour et suite de sa Majesté, tel nombre
de commis et préposez qu'il sera jugé nécessaire
pour vendre et débiter tant en gros qu'en détail lesdits caffez, thez, sorbecs et chocolats : lesquels commis jouiront des mesmes privilèges et ports d'armes
que ceux des autres fermes de sa Majesté.

Et ne seront lesdits caffez mixtionnez ny mélan-
gez de grains, poix, fèves, ny autres choses de cette
qualité; non plus que les thez et chocolats, qui
seront composez comme par le passé : à peine de
punition corporelle et de quinze cens livres
d'amende.

Enjoint Sa Majesté au sieur de la Reynie, conseiller d'État, lieutenant-général de police à Paris,
et aux sieurs intendans et commissaires départis
dans les provinces et généralitez du royaume, de

tenir la main, chacun en droit soy, à l'exécution du
présent arrest, lequel sera lu, publié et affiché par
tout où besoin sera.

Fait au Conseil d'Estat du Roy, tenu à Versailles
le 22ᵉ jour de janvier 1692.

IV

ARRÊT RÉDUISANT LE PRIX DU CAFÉ [1].

[19 Août 1692]

Sur la requeste présentée au Roy en son Conseil
par maistre François Damame, bourgeois de Paris,
qui a traité avec sa Majesté du privilège de vendre
seul, à l'exclusion de tous autres, tous les caffez,
thez, chocolats, sorbecs, cacaos et vanilles : contenant, que sa Majesté ayant, par son édit du mois
de janvier dernier, fixé le prix du caffé à la somme
de quatre francs la livre, au lieu qu'auparavant il
ne se vendoit au public par les négocians que vingt-
sept à vingt-huit sols ; ce qui en auroit tellement
diminué la consommation que la plus grande partie
de ceux qui en prenoient, s'en abstiennent. En
sorte que si les choses demeuroient en mesme état,
la consommation en diminueroit journellement ; ce
qui causeroit un préjudice considérable à sa Majesté,
tant pour les droits d'entrée dans le royaume que

[1] Voy. ci-dessus, p. 207.

pour la ferme particulière dudit Damame. Et en mesme temps le public seroit privé de l'usage dudit caffé, qui d'ailleurs est utile à la santé. Pourquoy il est est nécessaire d'en modérer le prix par proportion à celuy qui se vendoit auparavant l'édit du mois de janvier dernier.

A ces causes, requéroit qu'il plût à sa Majesté ordonner qu'à l'avenir, et à commencer du présent mois d'aoust, le prix du caffé demeurera réduit et modéré à la somme de cinquante sols la livre, au lieu de quatre francs.

Veu ladite requeste, l'édit du mois de janvier dernier, le résultat du Conseil expédié en conséquence, portans l'établissement dudit droit, et autres pièces attachées à la dite requeste.

Ouy le rapport du sieur Phelypeaux de Pontchartrain, conseiller ordinaire au Conseil royal, controlleur général des Finances, le Roy en son Conseil a réduit et modéré le prix du caffé à la somme de cinquante sols la livre, y compris le prix du marchand et autres droits.

Fait défenses audit Damame, ses procureurs et commis, de le vendre à l'avenir, à commencer du quinzième jour du présent mois d'aoust, plus grande somme que lesdits cinquante sols.

Veut et ordonne sa Majesté, au surplus, que ledit édit et arrest donnez en conséquence soient exécutez selon leur forme et teneur.

Fait au Conseil d'État du Roy, tenu à Versailles le dix-neuvième jour d'aoust, l'an de grâce mil six cens quatre-vingt-douze.

Signé : RANCHIN.

V

Révocation du privilège accordé au sieur Damame[1].

12 Mai 1693]

Le Roy s'estant fait représenter en son Conseil son édit du mois de janvier 1692, portant règlement pour la vente et distribution du caffé, thé, sorbec, chocolat, cacao et vanille, que sa Majesté avoit voulu estre faite à l'avenir dans toute l'étendue de son royaume par une seule personne, avec défenses à tous autres de débiter au détail les boissons faites desdits caffé, thé, sorbec et chocolat que sur les permissions de la personne à laquelle sa Majesté en auroit accordé ledit privilège; le résultat du Conseil du 22 du mesme mois et an, par lequel S. M. aurait accordé ledit privilège à maistre François Damaine[2], pour l'exercer par luy, ses procureurs, commis et préposez, suivant et conformément audit édit et à l'arrest du Conseil du mesme jour 22 janvier 1692, moyennant le prix et les clauses et conditions portez par ledit résultat et pour six années, à compter dudit mois de janvier 1692. Et sa Majesté faisant considération sur les frais excessifs que ledit Damaine est obligé de faire pour

[1] Voy. ci-dessus, p. 210.
[2] *Sic.*

l'exploitation de ce privilège, ce qui consomme tout le bénéfice qu'il en pourroit retirer ; et sur les offres faites en dernier lieu par les marchands épiciers et autres négotians, de payer tels droits qu'il plairoit à sa Majesté de mettre sur lesdites marchandises à l'entrée du royaume, pourvu qu'il luy plût de révoquer ledit privilège, et de leur laisser la liberté du commerce de ces marchandises comme auparavant l'édit du mois de janvier 1692 : Sa Majesté auroit résolu de décharger ledit Damaine de l'exécution de son traité, et de rendre ce commerce libre comme il estoit auparavant, en payant par les négotians qui voudront le faire, quelques droits nouveaux aux entrées du royaume.

A quoy désirant pourvoir :

Ouy le rapport du sieur Phelypeaux de Pontchartrain, conseiller ordinaire au Conseil royal, controlleur général des finances, sa Majesté en son Conseil a révoqué et révoque le privilège établi par l'édit du mois de janvier mil six cens quatre-vingt-douze pour la vente tant en gros qu'en détail des marchandises de caffé, thé, sorbec, chocolat, cacao et vanille, et des boissons faites desdites marchandises. Ce faisant, permet à tous marchands et négotians d'en faire commerce, et aux limonadiers et autres qui avoient la faculté de vendre les boissons de caffé, thé, sorbec et chocolat, de les débiter comme auparavant ledit édit.

Veut et entend sa Majesté qu'à l'avenir, à compter du jour de la publication du présent arrest, le caffé ne puisse entrer dans le royaume que par la ville de Marseille, et qu'en payant à l'entrée du port la

18.

somme de dix sols de chaque livre pesant, poids
de marc, outre et pardessus tous les anciens droits,
et qu'il soit levé et perceu à toutes les entrées du
royaume, aussi outre les anciens droits sçavoir :

Sur le cacao, quinze sols de chaque livre pesant,
poids de marc.

Sur chaque livre de thé, de quelque qualité qu'il
soit, dix livres.

Sur chaque livre de chocolat, vingt sols.

Pareille somme sur chaque livre de sorbec.

Soixante sols sur chaque livre de vanille.

Fait sa Majesté défenses à toutes personnes de
faire entrer du caffé dans le royaume par d'autres
ports et passages que par Marseille, à peine de confiscation et de quinze cens livres d'amende, décla-
rant à cet effet tous les autres ports et passages par
terre, voyes obliques et défendues, à l'exception
seulement du caffé qui sera trouvé sur les vaisseaux
pris en mer sur les ennemis, qui seront conduits en
d'autres ports que celuy de Marseille : dont en ce
cas sa Majesté a permis l'entrée par lesdits ports, en
payant les mesmes droits qui seroient payez à Marseille.

Fait très expresses inhibitions et défenses à maistres Pierre Pointeau, adjudicataire général des fermes unies, ses procureurs, commis et préposez, de
faire aucune composition ny remise desdits droits,
à peine d'en répondre en leurs propres et privez
noms, et à la charge par ledit Pointeau et ses cau-
tions d'en compter à sa Majesté outre et pardessus
le prix de son bail.

Ordonne néanmoins sa Majesté que le caffé et le

cacao que les négotians voudront faire passer aux païs étrangers, seront receus par forme d'entrepost, sçavoir le caffé dans le port de Marseille, et le cacao dans ceux de Dunquerque, Dieppe, Rouen, Saint-Malo, Nantes, La Rochelle, Bordeaux et Bayonne, sans payer ancuns droits, à condition que ces marchandises seront déclarées à l'instant de leur arrivée aux commis des C. G. F.[1], et mises en entrepost dans un magazin qui sera choisi pour cet effet et fermé à deux serrures et clefs différentes : l'une desquelles sera donnée en garde au commis du fermier, et l'autre sera mise entre les mains de celuy qui sera pour ce préposé par les marchands. Sans que lesdits caffé et cacao puissent estre transportez hors du royaume, qu'en présence du commis des cinq grosses fermes, qui en délivrera un acquit à caution, sur la déclaration et soumission des marchands de rapporter certificat de la décharge desdites marchandises dans les lieux pour lesquels elles auront esté déclarées : à peine de confiscation et de quinze cens livres d'amende.

Enjoint sa Majesté aux sieurs intendans et commissaires départis dans les provinces et généralitez du royaume, de tenir la main à l'exécution du présent arrest, qui sera lu, publié et affiché par tout où il appartiendra, à ce que personne n'en prétende cause d'ignorance.

Fait au conseil d'État du roy, tenu à Versailles le 12e jour de may mil six cens quatre-vingt-treize.

Signé : Du Jardin.

Des cinq grosses fermes.

DU MÊME AUTEUR :

Les sources de l'histoire de France. Grand in-8°, à deux colonnes.

Dictionnaire des noms, surnoms et pseudonymes latins de l'histoire littéraire du moyen âge. Grand in-8°, à deux colonnes.

Les anciennes bibliothèques de Paris (*églises, monastères, colléges, etc.*), d'après des documents inédits. Imprimerie nationale. 3 vol. grand in-4°.

Ouvrage couronné par l'Institut (Académie des Inscriptions.)

A. Dubourg, chrònique parisienne du seizième siècle. In-18.

Ouvrage couronné par l'Institut (Académie française.)

PARIS

TYPOGRAPHIE DE E. PLON, NOURRIT ET Cⁱ

Rue Garancière, 8.

www.ingramcontent.com/pod-product-compliance
Lightning Source LLC
Chambersburg PA
CBHW050459270326
41927CB00009B/1823